高校教学管理与素质教育研究

于　漫◎著

中国原子能出版社

图书在版编目（CIP）数据

高校教学管理与素质教育研究 / 于漫著 . -- 北京：
中国原子能出版社，2022.9
ISBN 978-7-5221-2175-8

Ⅰ . ①高… Ⅱ . ①于… Ⅲ . ①高等学校－教学管理－
研究②高等学校－素质教育－研究 Ⅳ . ① G647.3
② G640

中国版本图书馆 CIP 数据核字（2022）第 187600 号

高校教学管理与素质教育研究

出版发行	中国原子能出版社（北京市海淀区阜成路 43 号　100048）	
责任编辑	张　磊　杨晓宇	
责任印制	赵　明	
印　　刷	北京天恒嘉业印刷有限公司	
经　　销	全国新华书店	
开　　本	787 mm×1092 mm　　1/16	
印　　张	12	
字　　数	208 千字	
版　　次	2022 年 9 月第 1 版　　2022 年 9 月第 1 次印刷	
书　　号	ISBN 978-7-5221-2175-8　　**定　价** 72.00 元	

前　言

随着我国社会主义化现代建设进程的不断加快，各行各业都迅速发展，且取得了显著的进步。在这样的背景之下，高校教育相关的教学制度也跟随着时代的发展开始了改革之路，在以往传统的教学模式基础上，加强了学生的素质教育，为培养全面型人才提供了多样化的土壤。在高等教育的实际教学过程中，高校教学管理是可以实现提高高校的教学效率和管理质量的关键因素以及重要组成部分。

教育质量的提升是高校教学管理的核心，而素质教育的实施是教育质量提升的关键。素质教育的实施是高校教育管理改革的核心，高校要注重对学生与未来社会发展相适应的综合素养进行培养，对学生的创新能力、知识实践应用能力、社会责任感予以提升，而这些也都是传统的高校教学管理面临的挑战。当前，在教学管理和素质教育的实施过程中，高校仍然存在目标、方向等认识偏差，唯有对教学管理理念进行创新，真正做到以学生为中心，将学生、教师、教学管理者多方参与的教学管理模式构建起来，实现教学管理由"控制"转变向"服务"，将对学生能力和综合素质的提升作为目标，方能逐渐形成与新时代要求相符的高校教学管理育人体系。

本书共五章内容。第一章为高校教学改革与发展，主要内容包括高校教学改革研究、高校教学中的思政教育和高校教学高质量发展；第二章为高校教学管理研究，主要介绍了高校教学管理概述、高校教学管理体系、高校教学管理机制、高校教学督导工作研究和高校教学管理质量提升；第三章为高校教学管理创新发展，详细论述了高校教学管理制度创新、大学校园教学管理信息化建设、基于学分制的高校教学管理和高校教学管理与学生管理结合；第四章为高校素质教育研究，主要阐释了大学校园的素质教育现状和意义、大学校园的素质教育与人才培养和高素质教师队伍建设三方面内容；第五章为面向素质教育的高校教学管理改革，主要从重塑高校教学管理理念、素质教育背景下高校教学管理思考、高校人才培养的全面质量管理和面向素质教育的高校教学管理队伍建设四个方面进行了详细介绍。

在撰写本书的过程中，作者得到了许多专家学者的帮助和指导，参考了大量的学术文献，在此表示真诚的感谢。本书内容系统全面，论述条理清晰、深入浅出，但由于作者水平有限，书中难免会有疏漏之处，希望广大同行批评指正。

作者

目　录

第一章 高校教学改革与发展

"十四五"时期是我国改革发展的关键期，高校教学改革发展要依据国家经济社会的阶段性特征，抓住主要矛盾，坚定推动高校教学高质量发展，努力办好人民满意的教育。本章主要论述高校教学改革与发展，内容包括高校教学改革研究、高校教学中的思政教育和高校教学高质量发展。

第一节 高校教学改革研究

《中华人民共和国国民经济和社会发展第十四个五年规划和 2035 年远景目标纲要》（简称"十四五"规划）明确表明，要深化教育改革，要注重培养学生健康人格、创新精神、爱国情怀，对素质教育进行发展，对教育评价制度和机制进行建立健全，实现新时代教育评价改革深化。要对教育公益性原则予以坚持，投入更多教育经费，对经费使用管理制度进行完善，对经费使用效益予以提升。要对学校办学自主权进行落实、扩大，对学校内部治理机构进行完善，对社会加以有序引导使之参与学校治理。要对考试招生综合改革进行深化，对民办教育发展予以规范与支持，开展高水平中外合作办学，将在线教育优势发挥出来，对终身学习体系加以完善，对学习型社会进行建立。要对高水平大学开放资源建设予以推进，完善弹性学习制度和注册学习制度，实现不同类型学习成果的转换，促进互认渠道畅通。

一、高校教学改革的理念与导向

（一）学术自由

大学以"学术自由"为核心理念，同时对其孜孜不倦地追求，将学术自由作为自身赖以立足的根基。在为《国际高等教育百科全书》撰写词条时，爱德华·希尔斯（美国芝加哥大学社会学及社会思想史教授）论述了何为"学术自由"，指出，"一所大学拥有自我认同的诸多理念，其核心是指向真理的旨趣：大学的首要任务是传播和发现关于重大现象的真理。这些理念无形中为学者们确立了学术规范、行为准则以及对社会所负的责任。若认为大学仅是传播无可置疑的真理而绝不能对其进行修正、更改的机构，那么必然会使学者们的研究束手束脚，并将他们仅仅限定在对现有知识的重复传播上。然而值得庆幸的是，现代大学已将发现、解释并批判既定真理作为首要目标。顺理成章指导学者们进行研究的行为规范就是不断完善既定真理，对其进行理论与方法上的重估，并致力于寻求更合乎实践经验的合理解释"[①]。

所谓学术自由，就是以个人职位、地位不受损害为前提，学者们有权力自由行事；就是学者们能对研究课题、教学内容进行自由选择，同时有发表自身论述的自由权力；就是学者们有能够对研究方法、研究方向进行自由选择、自由确定的权力[②]。任何权威，只要不顾及学者个人的学术能力、学术旨趣，强迫学者听从自己命令行事，都是被学术自由反对的。无论这些权威是校外任何权威的臆断，还是校长、教务长、院系主任乃至校理事会的观点，抑或是全院系员工的一致意见。

学术自由是在学术社团或特定高等教育机构中，学者们的思考自由、行动自由。在这里，学术自由特指学者们从自身学术标准和智力倾向出发，自由地进行研究与开展教学，通过多种形式（如论文著作、学术讲座等）自由举办、参与学术活动。当然，学者所发表的论点应当经过严格调研，确认其真实性。学术自由对学者们自由参加学术团体、组建学术团体提供强大保障。

此外，学术自由也是大学教授对研究职责、教学职责进行履行的自由，从自身的优势领域出发，对真理进行追求。当然，学术自由并非代表着学者们能够任性妄为地做事或发表言论。实际上，学术自由仅仅能被用于学术事务处理，如学者对自身在长时间深入钻研过程中得到的正确结论进行传播、传授，自由地与同事互相交流心得，出版、传播那些经过缜密分析、系统研究的结论。上述所提及的，方是真正的、正当的学术自由。

---

① 爱德华·希尔斯，林杰. 论学术自由 [J]. 北京大学教育评论，2005（01）：63-72.
② 张梦. 硕士研究生弹性学制研究 [J]. 科技创业月刊，2008（05）：125-127.

此外，学术自由还代表着，学者们通过书面形式或口头形式，和本社团、其他社团以及外校、本校的学术同行自由自在地交流学术。学术自由也包括学生从自身职业追求和兴趣出发，在求学的大学中对科目、课程进行选择的自由；包括学生们从自身娱乐需求、政治需求和智力需求出发，对社团进行组建的自由。

（二）国际化

1.大学国际化特点

所谓大学国际化，指的是身处国际化环境中，为了对高素质的、在国际上有竞争力的人才进行培养，对为国际所公认的知识进行创造的过程。大学依靠资源的跨国持续流动，与其他资源彼此交融、彼此影响，从而使大学自身享有日益增多的国际特征。

具体来说，大学国际化包括如下特点：

其一，大学国际化并非一朝一夕便能实现的，而是应当经历一个漫长的过程。大学不同，其所处的国际化阶段也有所不同，同时不同大学也有着不同的亟待解决的国际化问题。大学在对自身国际化中长期规划进行制订时，应当从自身特点和国际化标准出发，坚持循序渐进，一步一步地对不同阶段的可量化的国际化目标予以实现。

其二，如前所述，大学国际化旨在对高素质的、在国际上有竞争力的人才进行培养，对为国际所公认的知识进行创造。大学不能为国际化而国际化。能否对大学国际化的目标予以实现，决定着大学国际化能否取得成功。

其三，资源的跨国持续流动是大学国际化的手段，从而使得自身资源与其他资源彼此交融、彼此影响。大学国际化以资源利用国际化为保障。一切有关于大学办学的资源（如教辅、基建、图书、学生、教师等）都应当与同类国际资源进行互动。在对国际教育资源进行利用、吸引的过程中，大学面临着其他国家和地区大学的激烈竞争。唯有采用有效的奖惩政策，大学才能够对原有地方化办学的惯性予以挣脱，激发教职员工对国际化办学改革的参与积极性，在激烈的国际竞争中处于主动地位而非被动状态。

其四，大学自身拥有日益增多的国际特征，是大学国际化的表现。国际特征表现在规章制度、行政管理、市场竞争、办学理念等体系思想的宏观方面，也表现在语言、国际交流、科研、教学、学生、教师等微观方面。大学还能够从自身特点出发，扬长避短，对优势领域进行重点发展，对其他领域进行渗透、影响。

其五，社会国际化是大学国际化的背景，脱离这一大环境，大学国际化将很难取得成绩。

2. 大学国际化标准

对于大学国际化，各国政府和学界都有不同的标准，可谓见仁见智。有的学者认为，学生和教师自非本国的数量，或前往其他国家和地区访问、交流的师生数量，是大学国际化最重要的标准；有的学者则认为，各国大学在教育资源配置、认证和评价、课程和教材、人才培养等方面都对国际化因素进行考虑，对国际化的关注重点已不再是学生、教师的流动，而是着眼于教育集团的建立、教育和国际研究的关系、通信技术和信息的使用、质量保证、教师开发、课程开发等多项内容。

（三）个性化

我国高校教育改革发展，以"个性化人才培养、个性化人才培养模式构建"为重要方向。在改革个性化人才培养模式方面，一流大学所具备的条件是得天独厚的，能够形成示范带动效应。改革属于系统工程，是内外结合、上下联动的过程，其除了对高等教育系统有所涉及外，也相关于高等教育系统所在的社会系统。在对我国一流大学改革个性化人才培养模式的对策进行思考时，一方面要有系统思维、宏观视野；另一方面也要立足实际情况，从现有条件、制度出发，对当前个性化人才培养模式改革进一步完善与深化，最大限度地对学生个性发展予以促进。

个性化相对于大众化，通常来说指的是有着个体特性的服务、需求。我们可以对个性化进行这样理解，即对个性进行培养与发展或对个性发展予以促进。所谓个性化教育，就是对学生个性发展进行培养的教育，是通过特色化、个性化手段，促进个体生命向着个性化方向更好地发展。想要对个性化进行进一步理解，或者我们可以立足反方向来看。划一化、统一化的培养模式与个性化培养模式相对，在工业时代，以划一化、统一化培养模式为教育特征。学生仿佛身处工业化生产流水线上，学校教育以统一的教育方式、统一的内容、统一的要求、统一的标准，进行批量生产，对统一规格的人才进行塑造，加工着学生独特的生命，使他们变得完全一样。而置身后工业的信息时代，教育一定会脱离于工业时代的划一化，通过多样化的方式、内容，与个体的差异相适应，对人的个性发展予以促进。

立足我国教育的总目的，教育必须服务于社会主义现代化，必须结合于生产劳动，对德、智、体等方面全面发展的社会主义事业建设者、接班人进行培养。

我国教育的总目的包括以下三个基本点，其一为对独立个性进行培养；其二为对全面发展予以坚持；其三培养社会主义建设人才或劳动者。

这一总目的中，自然也包括高等教育的目的。然而，为了对我国高等教育"大一统"思想的困惑予以破除，我们必须立足于上述教育总目标的框架内，对高等教育的目的进行进一步厘清、探讨，将促进大学生个性发展摆在更加重要的地位。这是因为，立足时代发展趋势，当今世界各国教育普遍将"培养具有独立个性的人"作为自身最关心的问题。近年来，许多西方教育发达国家在教育规划宣言中，都多次强调个性发展的重要性。现如今，我国社会主义改革已经步入新阶段，"发挥、调动、解放人的主体性"是各项改革的根本目的之一。所以，在教育目的价值取向中，对具有独立个性的人的培养，必将拥有愈发重要且突出的地位。

大学个性化人才培养，就是对人才培养理念的更新予以重视，对个性化培养予以强调；就是积极改进专业设置模式，实现独特个性发展的强化；就是对课程设置方式进行持续优化，促进个性自由发展；就是注重教学制度体系改革，着眼于个性全面发展；就是对教学组织形式进行大力创新，帮助提升主体个性；就是对教学管理模式进行深入改革，与个性发展要求相适应；就是对隐性课程形式培育予以重视，助推和谐个性发展；就是注重教学评价方式的完善，引导个性全面发展。

（四）通识教育

通识教育的起源，可追溯至亚里士多德（古希腊哲学家）所提出的自由教育的思想。《教育部关于2013年深化教育领域综合改革的意见》指出，支持、鼓励各高校与实际情况相结合，对通识教育新模式进行探索。教育的最终目标便是让受教育者得到完整人格，对其潜能进行充分发挥，最终实现个人和社会的进步与发展。

首先，通识教育是一种教育理念。不同国家和地区在不同时代对通识教育有着不同表述，不过，其对通识教育的表述有着一致的核心，即通过对统整的知识进行学习，对统整的人格加以培养。对于教育来说，"育人"是其根本目的，通识教育自然也是如此。然而，相较于其他教育理念，通识教育也存在不同之处。通识教育并非让学生成为"通才"，要对任何知识都十分精通；也并非为学生设计就业竞争力进行提升的知识结构设计。通识教育并不对技术化、专业化进行过分追求，旨在对学生的智慧、能力、品格进行培养，从而让学生适应能力更强。通过通识教育，学生能对不同知识的差别性、同一性进行了解，对不同学科的思考方式、智慧境界进行了解，对研究方法予以掌握，对独立思考的习惯进行养成，从而更好地把握社会与自然。一定意义上看，通识教育属于"以人为本"的教育，其对个人的全面发展进行强调，所培养的不是"工具人"而是全人。

通识教育具有如下层次的目的：其第一层次的目的，是对学生的知识面进行扩大，对文理渗透、人文渗透进行强化，实现人文教育结合科学教育，让文科学生对科学知识进行掌握、理工科学生对人文知识进行掌握；其第二层次目的，是帮助学生，使之形成知识的整体观，对其智慧进行开发，培养其迁移、整合、选择、洞察等能力；其第三层次目的是超越功利的，弘扬科学精神、人文精神，对"全人"进行培养。我们要认识到，通识教育计划并非就是公共必修课计划，大学的教育理念应从头至尾、从始至终地于通识教育教育计划中贯穿。所以，学校必须让学生深刻认识到通识教育的必要性、重要性，从社会市场经济的发展需要以及交叉学科的发展趋势出发，让学生着眼于未来，树立正确的学习观，防止出现情趣、思维、能力、知识过分"专业化"情况，避免成为缺乏适应性的"单向度"的人。

二、高校教学改革的基本原则

高校教学改革应始终坚持并遵循立德树人、优化资源、过程管理、促进发展等原则。

（一）立德树人原则

"十四五"规划指出学校应当坚持立德树人，加强中华优秀传统文化教育，培育和践行社会主义核心价值观，养成优良的校风、教风和学风。自觉把立德树人放在首位，贯彻"三全育人"理念，即全员育人、全过程育人、全方位育人。立德树人是引领教学改革的主导思想。

此外，教育也以"立德树人"为根本任务。这代表着教育既肩负着传承文化、创新文化的任务，也承载着塑造健康人格、提高人的综合能力、提升人的德育素质的职能。这也让我们深刻认识到，"人"是教育的根本对象，"育人"是教育的根本任务。教育的任务并不是提升升学率，并不是建设多少大楼、配备多少设备，更不是头衔、奖励和论文多少的排名。因此，首先，高校教学改革必须注重"培育师德"，在育人的过程中，将"建设师德"作为关键；其次，高校教学改革要对"树人"予以注重，在教学改革过程中，将培养学生的创新实践能力、创新意识以及社会责任感、公民意识作为重心。

（二）优化资源原则

教学改革目标的实现，以资源的优化为基础保障。高校资源包括两种类型，分别为无形资源、有形资源。有形资源主要包括三种，分别为财力资源、物力资源和人力资源，具体为校内外实习实训基地、教学辅助资源（如体育场馆、多媒体设施、语音室、自习教室、实验室、教材等）、图书馆、教学师资队伍、经费等。无形资源则主要包括学校知名度、社会捐赠资源、电子信息资源、校园文化底蕴、教育教学理念、师资队伍素质等。高校教学改革，就是要优化、整合高校的无形资源、有形资源，从而让高校资源显著倾斜向教学改革，服务于教学改革。唯有如此，方能将教育资源对教学改革的作用进行充分发挥，方能保证教学工作的中心地位，方能稳步提升人才培养质量。

（三）过程管理原则

高校教育教学改革以"教学管理制度改革"为重要内容。对于高校而言，高校管理制度改革对实现人才培养质量与教学质量有着重要的现实意义。而管理机制创新又以教学过程管理的强化为核心内容。因此，高校教学管理改革要立足教学管理的顶层设计，对人才培养过程（教学过程）的管理予以更多重视，此外，还要对教学质量的管理、监控继续加强。由于培养过程管理具有如下特征：发展的创新性、环境的适应性、实践的能动性、结构的科学性、功能的整合性、目标的指向性，因此，高校应当依靠创新教学过程管理机制，让教学管理更加个性化、动态化、灵活化，为破除现阶段教学管理中的各种弊端（如教学考核以科研成果为主、教学管理缺乏人文关怀、教学评价忽视个性特长发展、教学管理理念落后等）提供新机制，确保教学质量评估结果更加有效、科学、客观，以良好的服务支撑与外部环境助推教学改革的实现。

（四）促进发展原则

高校教学改革还应坚持"促进教学持续发展"的原则，不管是高校创新教学过程管理机制，还是高校整合、优化无形资源与有形资源，抑或是国家将立德树人作为教育的根本任务，其最终目的都是为稳步提高人才培养质量、持续提升高校办学水平、持续开展高校教学改革提供保障；对高等教育内涵发展进行促进，使高校的发展坚持走特色办学、特色兴校、特色立校之路；促进高校逐步形成以特色求发展、以服务求支持、以质量求生存的办学理念，从而在高等教育发展领域中拥有一席之地，避免让自己在激烈竞争中遭遇淘汰。

三、高校教学改革的总体思路

（一）明确高校的根本任务

"培养人"是高等学校的根本任务。中国特色的高等教育，必须坚持社会主义办学方向，培养受教育者，使之成为德、智、体全面发展的社会主义事业的建设者与接班人。

现如今，在人才培养方面，我国主要面临如下严峻挑战。

其一，科学技术高速发展的挑战。我们应当看到，在国际范围内正在出现信息化、人文化、一体化、综合化的趋势；其二，意识形态领域的挑战。由于传统与现代的、东方与西方的、本土与外来的文化相互冲击、相互融合，使得价值取向愈发多元化，造成意识形态领域愈发激烈的渗透与争夺。所以，人才应当满足如下两方面要求：第一，要对马克思列宁主义、毛泽东思想、邓小平理论的基本原理进行深层理解与掌握，树立较为坚定的社会主义信念，能够较为自觉地对党的"一个中心、两个基本点"的基本路线进行坚持；第二，要掌握管理、文化和现代科学技术的技能、专门知识，具有投身于社会主义现代化建设事业和改革开放的真实本领。人才培养、成长，以德、智、体全面发展为普遍规律。资本主义教育与社会主义教育存在本质差异，那就是社会主义教育培养受教育者，使之成为社会主义事业的建设者和接班人。这体现出对人才"红与专""业务与政治"要求的辩证统一，也是我国高等教育工作坚定不移的前进与发展方向。我们应当深刻认识到，对社会主义事业的建设者和接班人的培育，是在改革开放的环境中进行的，我国高等教育工作，尤其是大学生和校园文明建设，正在深刻地受到意识形态领域的渗透、争夺的影响。因此，我国高等学校的思想政治教育应当采取相应对策：其一，要对党的十八大、十九大精神认真学习并予以贯彻，在人才培养全过程中贯穿对社会主义核心价值观的培育与践行，将立德树人作为自身根本任务，对思想政治理论课的主阵地、主渠道作用进行充分发挥；其二，要大力强化校园文明建设、社会科学教育和人文科学教育，让学术氛围更加活跃，努力让大学生提升在未来社会中对文化进行正确识别、正确选择的能力。

（二）创新高校的人才培养模式

人才培养模式是依照社会发展所需的人才标准和国家教育方针涉及的素质、能力、知识结构以及对这种结构进行实现的方式。新形势下，改革、构建新的适应于 21 世纪以及"两个根本转变"的跨世纪人才培养模式，是实现教学改革深化的中心环节。对新的人才培养模式进行改革与构建，应当坚持"四个统一"。

其一，坚持德、智、体全面发展与人的个性化的统一。德、智、体全面发展统一于人的个性化。具体来说，人才培养以实现德、智、体全面发展为总目标，同时，德、智、体全面发展也是对个体素质的整体要求。现代社会要求高等教育对多样化的、富有主体精神的人才进行培养，学校的办学目标、条件和学生先天的生理基础存在较大差异，而这些都是人的个性化的基础。所以，对德、智、体全面发展与人的个性化的统一予以坚持，对人的发展需要与社会发展需要的辩证统一的实现可谓大有裨益，同时对个性发展达到最佳状态也有很大帮助。

其二，坚持科学素养与人文精神的统一。现代人以科学素养与人文精神的统一为基本特征。身为现代人，不仅要有精深的科学素养，更要有高尚的人文精神，而现代高等教育（即我国高等教育）也应以二者为追求目标。所谓人文精神，指的就是"做人"的基本态度，主要包括人对自己、他人、社会以及自然的基本态度。一方面，人文精神应当根植于深厚的人文知识之中；另一方面，人文精神也应建立在精深的科学素养之上。人文精神的形成也受到现代科学技术的深刻影响。科学素养的内涵，既包括对自然科学以及人文社会科学的能力、技能、知识予以掌握，又包括以此为基础，对勇于创造、独立思考、追求真理、实事求是的科学精神进行培育。素质教育的基本要求，就是坚持科学素养与人文精神的统一，这体现了"才"与"人"的有机结合。

其三，专业教育与通识教育的统一。立足新形势，时代既要求当代大学生专业面加宽，能够与未来社会更好地适应，也要求当代大学生基本综合素质良好，从而能够更好地应对未来的巨大挑战。所以，当代高等教育既应当提供以培养能力、技能、专门知识为能力的"专业教育"，也应当提供以实现人的基本综合素质提升为目的的、不同专业所共同需求的"通识教育"，最终培养当代大学生为基本综合素质良好的专门人才。专业教育与通识教育的统一，本质上属于知识能力结构的问题，也是实现科学素养与人文精神的统一、学生综合素质的全面提升的基础。

其四，文化选择、创造与文化传递的统一。文化的传递是教育活动的基础，然而，高等教育并非普通文化的传递，其传递的是高深学问。高等教育的主要功能就是在对人类已有的高深学问进行传递的基础上，选择、创造高深学问。其中包括两重含义：第一层，高等学校传递的是经过精心挑选的以及正在探索中的高深学问；第二层，高等学校教育的使命之一，就是对大学生识别、选择、创造高深学问的能力进行着力培育。

（三）建设高校高质量教育体系

十四五规划对"提升国民素质，促进人的全面发展"进行强调，提出要将国民素质的提升置于重要的突出位置，对高质量的教育体系进行构建，对党的教育方针予以全面贯彻，坚持对教育事业进行优先发展，坚持以德树人，实现学生实践本领、社会责任意识、文明素养的增强，培育德、智、体、美、劳全面发展的社会主义建设者和接班人。

规划纲要明确提出，要实现高等教育质量的提升，推进高等学校综合改革和高等教育分类管理，构建多元化高等教育体系，使高等教育达到60%毛入学率。

要对一流学科、一流大学进行分类建设，对高水平研究型大学发展予以支持。要对高质量本科教育进行建设，推进部分普通本科高校转变为应用型高校。要建立学科特色发展引导机制与专业动态调整机制，在设置高校学科时增强针对性，进一步改革基础学科高层次人才培养模式，加快理工农医类专业紧缺人才的培养。要强化对研究生的培养管理，实现研究生教育质量提升，稳步扩大专业学位研究生规模。要对区域高等教育资源布局进行优化，推进中西部地区高等教育振兴。

（四）改革高校的教学体系、内容与方法

改革、构建新的人才培养模式，应当以改革课程体系、教学内容为主要落脚点，而在新形势下，课程体系和教学内容的改革，也是教学改革深化的重难点。高校要认真开展与新时期课程体系和教学内容相适应的改革试验，力争让我国一批顶尖大学的课程体系和教学内容的水平在 21 世纪二三十年代达到国际一流大学的人才培养要求，在全国教学改革中充分发挥示范作用。

落实人才培养模式、实现新时期人才培养目标，以教学方法改革为重要环节。搞好素质教育，要以"内化"与"发展"为观念。何为"发展"？就是让学生由先天生理基础决定的身心潜能获得充分发展。何为"内化"？就是内化外在的社会规范与文化为个性心理品质，形成精深的科学素养与高尚的人文精神。现如今，社会将人对文化的选择、创造能力和人的主体精神放在重要位置，而这一切都使传统的教学方法面临巨大挑战。对于我国高等教育工作者来说，怎样立足发展能力、传授知识的基础，凭借"内化"与"发展"形成人的良好综合素质与个性心理品质，可谓是摆在面前的崭新课题。

现代科学技术，特别是信息技术的迅猛发展，极大地推动了教学手段、教学技术的现代化，对于高等教育现代化来说，这也是一项重要标志。我们要承担起如下重要任务：积极推进以信息化为标志的教学手段、教学技术的现代化，在教学质量的提高、教学方法的改革过程中，让现代化教学手段、教学技术发挥更大作用。

（五）完善高等学校教学评估质量保障体系

质量保障与教育评估一方面彼此联系，一方面又在本质上存在区别。教学评估是立足于一定的教学标准、教育目标，对教育工作进行价值判断，同时不断实

现教育工作改进的过程。教学评估旨在确保高校教育质量、办学水平，并使之不断提升。质量保障则是监控人才培养全过程，从而对人才培养的质量进行保障。质量保障与教学评估之间有着内在联系，且十分紧密。对于质量保障而言，教学评估是基本手段；而对于教学评估而言，保障并不断提升教育质量和办学水平是其唯一目的。

高等教育的质量保障主要体现为如下两方面：一方面是高等学校接受各级教育行政部门的质量监督；另一方面是高等学校内部的质量管理。在新形势下，对学校、政府在质量保障中的作用、地位与相互关系进行正确认识与处理，是对中国特色的质量保障和教学评估体系进一步完善的关键所在。现如今，主要状况是政府过细、过多地进行自上而下的质量监督，而绝大多数高校尚未对内部的质量管理系统进行建立。因此，当前与今后的一个时期，我们应当完成如下重要任务：改善并继续强化政府对高等学校的质量监督，与此同时，着力建立起高等学校内部的教育质量管理系统，以此为中国特色的质量保障和教育评估体系的基础。

想要实现中国特色的质量保障和教学评估体系的进一步完善，必须对如下问题进行认真研究、妥善解决：对我国质量保障、教学评估中社会中介组织所起到的积极作用进行正确认识、充分发挥。我国实行的社会主义市场经济体制，本质上就是一种政府主导型的市场经济，因此难免对社会中介组织的作用有所忽视，我们应当尽可能快地改变这种情况。其实，社会中介组织是一种"缓冲器"，能够对学校与政府之间的矛盾进行调节。对教育评估社会中介组织进行建立，是与我国国情相符的，政府要对社会组织的中介作用予以重视、支持以及正确而充分地发挥。

中国特色的质量保障与教学评估体系有三大基本组成部分，分别为政府的教育质量监督、教育评估的社会中介组织和高等学校内部教育质量管理系统。新形势下，这三个基本组成部分，需要形成一个密不可分、各具特色、分工明确、彼此联系的有机整体，从而有力保证教学改革进一步深化，对德、智、体全面发展的跨世纪人才有效培养。

现如今，我们正在推进的教学改革，是中华人民共和国成立以来，我国高等教育多次教学改革的发展与继续深入，教学改革的时代背景深刻，可以说是一场深刻的革命。然而我们必须要注意，教学工作对"稳定"十分注重，因此教学改革不能步子迈得太大、步速太快，而应当坚持循序渐进的原则，同时避免反复与折腾。所以，在深化教学改革的过程中，一方面要态度坚决、勇于创新、多开试点；另一方面也要慎重行事，由点及面，稳步推进。

四、高校教学改革的政策措施建构

高校的一切工作都应围绕教学进行，必须始终保持教学工作的中心地位。具体而言，就是要营造有利于教学改革的政策环境、制定有利于教学改革的规章制度、创立有利于教学改革的激励机制。只有为教学改革提供宽松的外部环境，建立健全教学改革的实施方案，完善相关规章制度，才能保证教学改革的顺利、有序实施。

（一）营造有利于教学改革的政策环境

保障教学改革顺利进行，应当以宽松的、良好的政策环境为前提和基础，因此，各高校、地方政府、国家进行教学改革，应当积极对政策环境进行营造，完成好教学改革顶层设计。

（1）对教育思想大讨论进行广泛开展，转变教育思想观念。行动以思想作为先导，教学改革成功与否，关键在于是否有科学的教育教学改革理念。所以，国家、地方政府应当对高校的教学改革工作予以高度重视，帮助各高校转变教育教学理念。通过建立教学改革试点区域、进行大量的实地调查访谈、开展专家座谈会、考察国外先进教育理念、开展本科高校教学评估工作、召开全国教学会议等方式，对教学理论的可行性、科学性进行验证，将理论指导和实践经验提供给高校，使教学改革得以顺利进行，对有利于教学改革推进的社会舆论氛围进行营造。同时，各高校也应积极响应国家、地方政府的号召，积极邀请全校教职工人员，使其对教学改革精神进行认真学习并予以贯彻落实，使全体教职工落后的教育观念得到彻底转变；高校还要对教职工进行积极鼓励，使其解放思想、敢于实践。勇于改革，为实施教学改革完成好前期准备工作，对部分教职工抵制教学改革的态度、情绪进行化解与消除。在当前高校教学改革过程中，要将立德树人理念、通识教育理念、素质教育理念融入全体教职工的思想观念之中，使其真正服务于学生的全面自由发展。

（2）在制订高校章程时，应当对教学的中心地位予以突出。高校需要在高校章程中，对教学质量管理改革与教学改革的内容进一步强化。具体来说，就是要对"以师生为本"的理念予以遵循，对各方意见进行广泛听取，深入分析论证现有教学管理制度，对不合要求的内容予以删除，对不尽规范的地方予以修订，真正实现教学管理体系的科学化、规范化、系统化，实现高校其他管理制度服务于人才培养质量的提升，服务于教学质量的稳步提升，服务于教学管理制度。

（3）学校领导应对领导与统筹教学改革工作予以重视。学校领导要对教学工作予以高度重视，将其作为学校的经常性中心工作，在各项改革中将教学改革作为核心。学校主要领导还需要主动带头，对相关教学项目的实践工作、研究工作进行承担，定期召开教学工作专题会议，对各个院系教学改革执行与实施的计划、进度认真听取，从而明确下一阶段教学工作的重点，贯彻落实各学科专业的教学改革。除此之外，学校主要领导还要主动带领相关学科专家，完成调研、考察工作，如通过强化校际合作交流、出国考察等方式，对教学改革方案的可行性、科学性加以论证。

（4）对全体师生积极主动参与改革工作的热情予以激发。第一，要加强教学改革的思想宣传，营造良好舆论氛围助力教学改革。第二，要分别着眼于教与学两方面。从教师方面来看，可以对优秀青年教师进行选派，使其出国深造，对国外先进的教学方法、教学理念进行学习；可以选派一批教师，到其他高校进修，强化校际教师之间的合作交流；对于那些积极主动参与改革并获得一定成效的教师，学校可以在政策上对其职称评定、年底考评予以倾斜。从学生方面来看，为了对有利于学生学习的政策环境进行营造，学校不仅要对正常教学活动予以保障，还应将丰富多彩的学习形式提供给学生，如建设大学生自主学习中心，引导、帮助大学生学会自主学习；又如开展多种多样的竞赛活动，对大学生课外学习的积极性进行激发；再如，积极组织学生开展第二课堂活动，对活泼多样的校园文化氛围进行构建；等等。

（二）制订有利于教学改革的规章制度

教学管理科学化、规范化、制度化的保障，要以科学合理的教学规章制度为基础。同时，科学合理的教学规章制度，也是对教学改革问题进行处理的现实依据，是形成教学自我约束、自我发展、自我管理机制的前提。所以，必须对学校各种教学管理和教学改革的规章制度加以完善。

（1）对教学改革规划进行合力制订。想要保障教学改革顺利进行，就要以合理的教学改革规划为前提。由于不同学科专业的教学改革内容有着不同的侧重点，想要突出特色，必须对不同侧重点予以重视，所以院系主要负责制订教学改革规划。教学改革规划应当以学校教育发展规划为基础，制订更为合理、更加细致的实施细则。首先，教学改革发展规划应当尊重学科专业发展特点、遵循学科专业发展规律，做到因时制宜、因地制宜，对规划的灵活性、弹性特征进行体现；其次，学科专业的教学改革规划必须与地方经济社会发展需要紧密贴合，让教学改革发展服务于区域经济社会发展；最后，应当在广泛调研、科学论证、多方参与协商的基础上，对教学改革发展规划进行制订，如此方能确保教学改革规划方案既有可行性又有科学性。

（2）对教学改革的多方协商制度进行建立。现如今，教学改革方案并未以多方协商为基础进行制订，而是由少数学科专业带头人和教学行政管理人员共同制订的，社会中介组织、学生、一线教学教师并未参与其中。如果高校想要形成与社会需求以及个人全面发展相符合的、合理的、科学的人才培养改革方案，必须逐步建立教学改革的多方协商制度并进行完善。也就是说，在制订教学改革方案的过程中，要对民主精神充分发扬，立足学科专业特点、教育教学发展规律，将个人全面成长作为目标，将社会需求作为导向，逐步形成由多方利益群体（如社会中介组织、学生、一线教学教师、教学管理人员、学科领域专家学者等）共同组成的教学改革方案制订委员会，对教学改革方案制订的规范化、科学化、民主化特点进行充分体现。

（3）对教学过程管理制度进行强化。强化教学过程管理制度建设，就是将"硬性"的结果管理化为"柔性"的过程管理，是对过去注重结果管理的一种创新，对学生的全面成长成才大有裨益。为此，教学管理部门要从教学改革需求出发，对教学过程管理的内容、目标进行适时调整，坚持将灵活柔性的服务理念作为对学生进行管理的主要手段，将新的教学质量观作为教学质量的考核标准，将服务理念作为建设教学管理制度的指导理念，最终对学生的个性发展提供助推动力，强化学生合作学习、自主探究、自主学习的意识，培养学生的创造能力、创新意识并使之不断获得提升，将宽松的、良好的服务支撑和制度环境提供给多样化人才的培养。

（4）对教学质量保障制度进行建立。教学改革以质量保障制度的建立为重要目标。教学质量保障制度包括如下两方面内容，分别为社会外部的监控和高校内部的管理，因此高校需要基于自我评估，逐步建立多元评价主体（如社会、学生、专门机构、学习、政府等）相结合的教学质量保障体系，逐步形成高校教学质量保障的自我约束、自我发展、自我监控机制。总的来说，就是要加快教学质量保障的指标体系的建设与完善，在对教学质量进行衡量时，将适应社会需要和促进人的全面发展作为根本标准；要逐步将本科教学质量年度报告发布制度和本科教学基本状态数据库采集平台建立起来，自觉自愿地接受社会监督。

（三）创立有利于教学改革的激励机制

将激励机制引入教学改革，对教学管理水平的提升大有裨益，能够激发教师教学的积极性，助推高校深入开展教学改革。然而，当前高校教学管理以奖励为主、以惩罚为辅，较少地对教学岗位退出机制进行运用，对稳步提升人才培养质量以及深入开展教学改革都是十分不利的。所以，教学改革面临的一大重要课题，便是创设并完善有助于教学改革的激励机制。

（1）对教学奖励制度进行建立。教师教学的创造性与积极性的发挥程度，决定着教学质量和教学水平的高低。对教师教学奖励机制进行建立与完善，是调动教师教学创造性、主动性、积极性的重要举措。高校应当从自身办学定位出发，逐步对本校教学奖励机制进行建立与完善。例如，高校要积极鼓励优秀教师申报校级、省级乃至国家级教学成果奖，如果有教师在比赛中获奖，高校应当对其给予一定奖励，如职称评定优先、年度考评加分及物质奖励等。高校还可以自己设立优秀课程奖项，该奖项由全体学生共同评价、确定，评价内容包括学生对教学效果的满意度、课程教学的方法、课程教学的内容等。高校可以将岗位津贴补助提供给获奖教师，作为奖励与鼓励。除此之外，高校也可以对教学奖励方式进行创造，如组织青年教师开展教学讲课大赛，对模仿教学奖进行设立，等等。

（2）对教师考评机制进行重构。教师考评机制密切关联于高校教学质量的高低。对于教学质量来说，教师考评机制属于重要因素。当前，因为我国高校教师考评机制过度向科研成果、科研项目倾斜，忽视教学，造成很多教师在创收科研成果、申报科研项目上花费大量时间与精力，反而敷衍了教学工作，在人才培养过程中未重视教学质量。所以，唯有对大学教师考评机制重构，在对大学和教师进行考评过程中，将教学作为主要依据，方能对这一局面进行彻底改变。

（3）对教学退出机制进行构建。所谓教学退出机制，其全称为教学岗位退出机制，指的是由于个人素质问题，高校教师不再对教学任务进行承担，转向其他岗位，如后勤、行程管理、科研等岗位，继续对其他非教学岗位工作进行承担的教师管理办法。对教师教学考评机制的完善，是教学岗位退出机制的实施前提，唯有对合理的、科学的教学考评机制进行运用，方能实现教师教学的"优胜劣汰"，方能使教学岗位竞争机制在教师群体中形成，让所有教师都树立起"危机意识"，对教学能力的实践、培养予以更多重视。

（4）对教学惩罚机制进行健全。高校要认识到，教学惩罚堪称"双刃剑"，如果运用得当，则对教学质量的稳步提升、教师教学队伍质量的提高以及教师队伍的优化大有裨益；反之，如果对教师进行不当惩罚，很可能对被惩罚教师的工作积极性造成影响，妨碍教学有序进行。所以，高校要建立起合理的、科学的教学惩罚标准，让每位教师都能在教学过程中对自己的教学职责进行明确，不越雷池半步；高校还要强化全体教师对教学质量与安全的认识，使其在教学过程中始终对正确的教育教学理念进行坚持，通过对科学知识的传授，帮助学生形成健全人格，推动学生全面发展。

部分任课教师不配合教学改革、忽视教学安全，十分特立独行，对于他们，学校要进行引导、规劝，必要时进行一定处罚，甚至可以对其直接解聘。

高校在实施教学惩罚时，要对惩罚的手段、方法慎重选择，要主要采用柔性手段（如批评、规劝、引导、教育等），辅以法律手段、行政手段。此外，高校还要注意，做好被惩罚教师的后续管理工作，强化人文关怀，防止教师因为教学工作的偶然失误而失去开展教学工作的信心，变得一蹶不振。

第二节 高校教学中的思政教育

随着社会的不断发展和进步，高校阶段的思政教育越来越受重视。对于当代大学生来说，全面发展是至关重要的。因此，高校教育者在对学生进行教育时，除了要重视专业能力的培养之外，还应该重视学生的思想素质教育。要迎合当前新课标提出的教学要求，重视学生的思想引导和价值观的培育。帮助大学生树立正确的思想意识和思想价值观，实现大学生的全面发展，为社会培养高素质的人才。

一、高校思政教育的重要性

（一）实现学生自我发展

伴随社会不断进步、发展，对人才的需求也有了极大的转变。社会各行业在对人才进行选择之时，既要求人才拥有较强的操作能力、专业能力，又要求人才有良好的思想意识，倾向于对真正高素质的、全面发展的人才进行聘用。因此，高校也要立足当前社会的实际需求，对多元化发展的全能型人才进行培育。

我们要看到，高校的教育工作因人才需求模式的转变而存在一定难度，而学生的发展因人才需要模式的转变，也面临新的要求。在这一过程中，无论是学生自身还是教师、高校，都要及时进行转变。显而易见，传统的教学模式与当前社会发展已不相适应，因此，学生也要适当地、及时地转变学习思想、学习观念。在自我学习、自我发展过程中，学生既要有强大的学习能力，还要对自身综合素养进行全面提升，制订符合自身实际的学习计划、学习目标，对自身的知识面不断拓宽。

（二）提高教师教学水平

高校开展思想政治教育，一方面能促进学生自我进步与发展，另一方面能对教师在教学过程中的教学能力、实践水平进行有效提升。在高校发展过程中，教师的教学能力与水平可谓至关重要，能够对最终所取得的教学效果起到直接决定作用。

二、高校教学与思政教育一体化发展

（一）高校教学与思政教育一体化存在问题

1. 部分高校不理解思政教育在教学中的意义

高校教学既要对学生专业知识予以重视，又要对学生进行培养，使之树立正确的价值观、人生观、世界观，要对学生的主体作用进行充分发挥，将社会需求人才的标准和学生自身发展相结合，对相关技能与知识进行讲解。在高校教学过程中，思想政治教育能够发挥辅助作用，然而对于这一点，很多高校都未能深刻理解、认识，导致思想政治教育脱节于教学工作。

2. 高校教师没有积极主动参与学生思政教育

教师是教育的主体。教师在课堂上，既要将专业知识传授给学生，还要将各方面能力（如创新能力、良好品德）教授给学生，在实际教学中，这是非常重要的。然而，现如今，在学生思想政治教育中，部分高校教师未能主动、积极地参与，这也对思想政治工作的开展与推进造成直接不利影响。在教学工作实践中，部分高校教师仅仅对专业知识予以重视，未能注重思想教育；部分教师未能认识到对学生创新能力和道德品质进行培养的重要性，更未参与进学生思想教育之中。

3. 学生自控能力和辨别能力比较薄弱

立足学生层面，尽管大学生对新事物有很好的接受力，然而其辨别力和自控力都较为薄弱。现如今，信息技术日新月异、迅猛发展，在人们的日常工作、学习、生活中，处处都有互联网的身影，大学生会接收到各种网络渠道的各种信息。受此影响，部分学生会产生混乱思想，不利于树立正确的道德观、价值观，同时也愈发难以集中注意力。

4. 高校的教学体系不完善

当前，高校教学体系仍不够完善，因此思想政治教育和教学工作也未能真正实现一体化，未能得到更好的融合。从教学模式来看，高校仍采用传统的教学模式，未将具体的量化标准制订出来。在学生接受思想政治教育程度方面，高校也缺乏完善的评价体系，这既不利于教师教学能力的提升，也一定程度上影响着学生自身创新能力的发挥。当前，高校在评定学生能力时，评定标准大多局限于学生考试成绩方面，未能评定学生的综合能力。从思想政治角度来看，高校未将专业教育理念予以引入，未能更好地完成专业教学预期目标。

（二）高校教学与思政教育一体化发展的策略

1. 提高专业教师的思想意识

教学的主体是教师，教师和学生进行直接接触，所以，对于学生而言，教师的教学模式、语言表达以及思维都是十分重要的。如果高校教师仅仅完成专业教学，未能对学生开展思想教育，那么对学生的思想道德品质的培育来说，是十分不利的。因此，高校应当对教师不定期地开展教育培训，让教师全面而深刻地认识思想教育的内容及其重要性；同时，高校还要对教师的沟通能力与专业水平进行提升，使之在教学过程中能采用高效的教学方法，打造真正优质、高效的教学课堂，对良好的课堂氛围加以营造，从而激发学生学习兴趣。让教师既将专业知识传授给学生，又能对学生的思想意识进行正确引导。所以，在对教师思想意识进行提升的同时，也有利于对学生的素质进行更好的培养。

2. 建设思想政治队伍

高校应当对思想政治队伍进行建设，对思想政治教师的教学水平予以提升，从而使思想政治教师更好地工作。首先，思想政治教师要立足于学生的实际需求、实际情况，从学生与学生的不同个性出发，对其进行心理辅导。思想政治教师可以着眼于侧面，以此为切入点对学生的思维模式进行矫正，最终对思政辅助教学的作用进行充分发挥。在当今社会，心理辅导机构的应用较为广泛，因此高校可对心理辅导机构进行建立，通过该机构可以对学生的需求进行更好的了解。同时，如果学生在学习、生活方面产生问题，借助心理辅导机构的力量，也能更快、更好地得到解决，提高自身心理素质，防止产生消极情绪。

3. 建立师生良好的沟通平台

高校可以将良好的沟通平台和沟通机会提供给教师和学生，从而让学生更深地、更全面地对教师进行了解，信任教师，促进师生感情升温。搭建师生良好的沟通平台，有助于学生更好地对实际问题进行解决，帮助学生对正确的三观进行树立。同时，学生也能在教师心中留下更好的、更深刻的印象，主动、积极地对课堂学习进行参与。

4. 鼓励学生参加有教育意义社团活动

高校教师要对学生进行鼓励，使其积极主动地参加社团活动。当然，学生所参加的社团活动，应当具有一定的教育意义，从而提升学生的创新能力。教师可以立足社团活动内涵，适当地增添趣味性，对学生的积极性进行调动，让学生主动、积极地参与到社团活动中去，从而更好地、更全面地对学生开展思想政治教育。如此，一方面锻炼了学生的组织创新能力，一方面也实现了高校教学风范的提升。

5. 建立学生的评价体制

高校要对校内的管理机制进行建立，完善对学生的综合测定评价体系，在对学生进行评价时，从更多方面进行考虑。高校可对多元化考核方式进行运用，一方面，使教师教学工作压力得到缓解，让教师认识到既要将专业知识传授给学生，又要对学生价值观念进行培养，对学生思想品德教育予以高度重视；另一方面，实现自身教学模式的不断创新。学生考评可与思想政治管理系统相结合，在综合测评成绩中记录学生各方面表现，尤其是学生的道德规范和日常行为。

6. 培育积极向上的良好学风

当前，我们要看到，以往积极向上的良好学风，在部分高校中渐被淡化。总体来看，这种趋势对高校日后的发展是十分不利的。站在高校学风角度来看，良好学风是由全体学生和高校工作人员共同努力，实现良好的学习态度与氛围的营造。学风好比民风，长期保持之后，能形成独有的境界、氛围，在高校成员之间有着明显的体现。对于教师师风建设来说，学风发挥的作用非常重要，因此，我们要着力培育积极向上的良好学风，促进教师师风建设，从而充分发挥教师教学作用，更好地实现高校教学与思想政治教育一体化发展。

第三节　高校教学高质量发展

教学高质量发展是高等教育体系建设的关键环节，也是高等教育高质量发展的重要推力。高校教学高质量发展应在彰显高远立意、聚焦拔尖创新人才培养和渗透高深知识研究中，回答好为谁培养人、培养什么人和怎样培养人的教育根本性问题。秉持立德树人的价值立场、着眼时代变局的价值基调和面向未来生活的价值牵引是高校教学高质量发展的价值诉求。高校教学高质量发展是一个系统的、协同的、联动的、持续不断的过程性实践，并以教学理念变革为先导、以教学能力提升为关键、以教学方式变革为支撑、以教学管理改进为保障和以教学评价优化为动力，不断促成高校教学真正向高质量迈进。

一、高校教学高质量发展的核心意蕴

在教育高质量发展的新时代语境中，高校教学高质量发展也有着全新使命，具有新的意蕴。具体来说，高校教学高质量发展包含如下核心意蕴。

（一）彰显高远立意，回答好为谁培养人的问题

"质量首先是一种矢量，具有明确的目的性和方向性"[①]，任何教学都以"育人"为终极旨趣。教学以"为谁培养人"为核心价值，这也代表着，高校教学想要实现高质量发展，必须对"为谁培养人"这一方向性、目的性问题进行旗帜鲜明的回答。习近平总书记在 2016 年 12 月召开的全国高校思想政治教育工作会议上曾明确指出："我国高等教育肩负着培养德智体美全面发展的社会主义事业建设者和接班人的重大任务，必须坚持正确政治方向。"[②]我们应当以此作为新时代高等教育人才培养的行动遵循和根本指引。高校教学的高质量发展，就是在培养德、智、体全面发展的社会主义事业建设者和接班人的实践中，对高质量的方向进行明确。简单来说，高校教学的高质量发展，即"为国育才""为党育人"，所培育的人才最终要为社会主义建设服务。基于此，高校教学的高质量不能只在能力的培养、知识的传授层面停留，而应将学生能否成为社会主义事业的建设者和接班人作为对高校教学价值的衡量标准，尤其是当前国际形势错综复杂，我们更要通过教学培养祖国青年一代，使之成为有大德的国之栋梁，这既与高等教育的整体质量息息相关，也与高等教育的社会主义方向紧密相关。从这一意义来讲，作为培养社会主义事业建设者和接班人的主渠道，高校教学的高质量发展，就是将祖国的前途命运与大学生的成人成才紧密关联在一起，通过教学，对大学生的专业

① 刘振天，李森等. 笔谈：高等教育高质量发展的系统思考与分类推进 [J]. 大学教育科学，2021（6）：4-19.

② 习近平在全国高校思想政治工作会议上强调把思想政治工作贯穿教育教学全过程开创我国高等教育事业发展新局面 [N]. 人民日报，2016-12-09（01）.

本领进行锻造，也对其爱国情怀予以厚植，唤醒应具有的强国担当。

（二）聚焦拔尖创新人才培养，回答好培养什么人的问题

立足时代全局和经济社会发展的战略高度，习近平总书记针对"培养高等教育人才"问题，进行了一系列重要论述，成为在实践层面高等教育到底应对什么人进行培养的航标。习近平总书记在 2017 年 10 月致中国人民大学建校 80 周年的贺信中，也明确强调，"当前，党和国家事业正处在一个关键时期，我们对高等教育的需要比以往任何时候都更加迫切，对科学知识和卓越人才的渴求比以往任何时候都更加强烈"[①]。此外，习近平总书记在 2018 年 5 月，同北京大学师生座谈时，再次指出，"今天，党和国家事业发展对高等教育的需要，对科学知识和优秀人才的需要，比以往任何时候都更为迫切"[②]。习近平总书记所提出的上述重要论断，都指向着同一个核心关键，即党和国家渴求着卓越人才、优秀人才。基于此，高校教学的高质量发展要注重培养卓越人才、探求优秀人才，从该层面清楚回答高校教学高质量发展到底要对何种人才进行培养这一问题。某种意义上来说，新时代高校培养卓越人才、优秀人才，其实就是培养拔尖创新人才。因此，新时代高校教学必须直面如下问题：如何实现拔尖创新人才培养质量的提升，如何实现拔尖创新人才培养进程的有效推进，而这一问题，也是高校教学高质量发展的关键。所以，高校教学的高质量发展要着眼于学业挑战度的提升，对时代难题紧紧把握并予以呼应，注重培养学生破解难题的实践能力以及创新精神，为使学生更快、更好地成长，为时代所需的高精尖人才奠定坚实基础。

（三）渗透高深知识研究，回答好怎样培养人的问题

高校以"科学研究"为重要职能，大学"最需要把人文社会科学及现代科学技术最新及最高水平的发展成果纳入人才培养体系，以培养能够占据高新知识制高点的专业人才尤其是创新型人才"[③]。然而，我们也要看到，现如今，科研与教学的脱节，成为大学教学的突出问题。由于长期的旧调重弹，教学一度裹足不前；而由于长期的孤高自傲，科研又对教学拒斥。我们都知道，"大学不是垃圾收容

① 习近平致信祝贺中国人民大学建校 80 周年 [N]. 人民日报，2017-10-04（01）.
② 习近平. 在北京大学师生座谈会上的讲话 [N]. 人民日报，2018-05-03（02）.
③ 眭依凡. 一流本科教育改革的重点与方向选择——基于人才培养的视角 [J]. 现代教育管理，2019（6）：1-10.

站，不是所有的知识都能进入大学课程，进入大学课程的知识必须经受一个问题的拷问，即'什么知识最有价值'"[①]。高校既是传授知识的场域，也是创造知识的场域，而"高等教育中的知识生产既旨在实现高深知识的扩大再生产，也服务于社会发展的知识需求"[②]。所以，高等教育论域中，有价值的知识应当涵盖最新科学研究所生成的新知和长期精粹而成的经典，这在根本上需要我们对如下认知进行确立——大学教学即学术。基于此，不难看出，高校教学的高质量发展，就是要对科研与教学的深度融合进行促进，既不用教学的自贬对科研的价值进行哄抬，又不用科研的功高对教学的意义进行贬抑，而是要在教学与科研相互促进、相互依存的和谐关系之中，将最新科研成果及时向教学内容转化，对学生专业学习的兴趣予以激发，实现教学与科研的同向同行。因此，高校教学的高质量发展，应当有效地、及时地、自觉地对高深知识研究进行渗透，从而为教学持续改进注入"科研"的不竭动力。

二、高校教学高质量发展的价值追求

（一）秉持立德树人的价值立场

通过对古今中外教育发展史进行纵览，我们可以看到，一切教育都将"培育人的德性"作为共同关心的议题，由此也引发了关于德性教育价值的持续不断的争论。然而，不管这些争论怎样发酵、形成乃至发展，在今天看来，赫尔巴特（德国教育家）的观点始终具有极高的价值，满载智慧，熠熠生辉。赫尔巴特认为，"教育的唯一工作和全部工作可以总结在道德这一概念中，道德普遍地被认为是人类的最高目的，因此也是教育的最高目的"[③]。追求德性一方面是教育的内在规定，另一方面也是教育的发展方向。习近平总书记对学校德育工作可谓高度重视，曾明确提出，"要把立德树人的成效作为检验学校一切工作的根本标准"[④]"高校立身

---

① 周光礼. 中国大学的战略与规划：理论框架与行动框架 [J]. 大学教育科学，2020（2）：10-18.

② 王智超，朱太龙. 高等教育高质量发展的价值逻辑探寻 [J]. 中国电化教育，2021（9）：1-8+17.

③ 张焕庭. 西方资产阶级教育论著选 [M]. 北京：人民教育出版社，1979.

④ 习近平. 在北京大学师生座谈会上的讲话 [N]. 人民日报，2018-05-03（02）.

之本在于立德树人"①。这些都是关于新时代高校坚持"立德树人"的原因的鲜明要求与精辟论断。从根本上来看，立德树人回答的是新时代教育培养什么人的战略性、根本性、全局性问题，而立德树人教育根本任务的落实，要以"教学"作为主渠道。一定程度上讲，"将受教育者培养成什么人"直接取决于教学，同时，教学也直接决定着立德树人的水平、程度和方向问题。学生形成价值观和发展价值观，以大学阶段为关键时期，只有将德性塑造结合于知识传授，方是培养中华民族伟大复兴的时代新人和社会主义建设者与接班人的正确选择，是教学走向高质量发展的正确价值方向，这也对教师提出要求。教师在教学中，应当对"树什么人""立什么德"的认识进行提升，在一切教学工作中，将立德树人作为出发点、落脚点，对单纯知识传授的偏狭认知予以摒弃，对教学育人的初心使命进行确立，实现在课堂教学中融入课程思政内涵的水平。总的来说，立德树人是高校教学高质量发展的价值立场，唯有对此进行牢牢把握，方能确保高校教学沿着正确轨道走得更稳、更远、更长久，方能确保高质量发展有着牢靠坚实的起点。

（二）着眼时代变局的价值基调

"离开了社会需要，失去了社会支撑，大学的发生和发展将无从谈起，大学就会成为无源之水、无本之木、无基之塔。"②立足教育发展层级角度，高等教育与当今社会、时代有着最为密切、直接的关系。这是因为，高等教育培养的人才，将直接融入当下社会、面向当今时代。基于此，高等教育的改革发展，必须对时代境遇进行研判。具体来说，高等教育改革发展，必须对当前所处的时代和社会方位予以明确，必须最大限度地对未来将面临的时代和社会局势进行预判，在这样的境遇把握中对前进的道路进行明确，对新的局面进行开辟。习近平总书记曾经深刻地分析指出，"当前，我国高等教育办学规模和年毕业人数已居世界首位，但规模扩张并不意味着质量和效益增长，走内涵式发展道路是我国高等教育发展的必由之路"③。而这也是当前高等教育必须正视的现实以及做出的选择。除此之外，国内、国际的深刻变局，可能将新环境带给高等教育发展，基于此，我们必

---

① 习近平在全国高校思想政治工作会议上强调把思想政治工作贯穿教育教学全过程开创我国高等教育事业发展新局面 [N]. 人民日报，2016-12-09（01）.

② 眭依凡. 论大学的观念理性 [J]. 高等教育研究，2013（1）：1-10.

③ 习近平. 在北京大学师生座谈会上的讲话 [N]. 人民日报，2018-05-03（02）.

须"统筹中华民族伟大复兴战略全局和世界百年未有之大变局,深刻认识我国社会主要矛盾变化带来的新特征新要求,深刻认识错综复杂的国际环境带来的新矛盾新挑战"[①]。为让青年一代对这种新挑战、新要求和新变局进行深刻认识,我们必须对教学的应变功能加以激活并充分发挥。其实,一方面高校教学是对上述时代境遇进行传导的关键通道,需要让学生明白自身正处于何种时代;另一方面,高校教学也是对上述时代境遇进行应对的潜在力量,要对学生进行培育,使之能对当下乃至未来境遇进行从容应对。所以,高校教学不能"一心只教圣贤书",也不能一味旧调重弹、自我迷恋,而应做到"两耳时闻窗外事",在教学过程中融入新趋势、新挑战、新要求、新理念、新思想,将时代的诉求与节律赋予教学,这既是高校教学高质量发展的价值基调,也是高校教学在变局中开新局以实现高质量发展的必然要求。

(三)面向未来生活的价值牵引

"教育教学活动的最主要目标就是教给学生改造现实生活的能力,从而提高当下的生活质量,营造幸福生活。教学活动是个体生长与发展中不可缺少的动力,它直接或间接地影响着个体的生活方式和生存状态。"[②] 这代表着,教学属于一种价值性活动,旨在让学生能够生活得更好。这是我们对生活与教学关系的基本认识。当前一大难点在于,无论我们是否接受、认同,有无做好准备,充满不确定性与变革性的未来都正在到来,甚至已经到来。身处当下高等教育场域之中的每一名学生,在未来社会都是其中一员,学生一方面要拥有能力,从而积极应对未来社会发展;另一方面也要肩负使命,对未来社会更好的发展予以推进,唯有如此,学生才能在未来享受更舒适、更美好的生活。所以,高校要通过教学,最大力度地强化学生敢闯会创、实践操作、组织协调、团队合作、沟通表达的能力,这既是学生应对未来社会生活的基本要求,也是高校教学应重点培育的学生的核心素养。更简单来说,高校教学既要让学生具备过硬本领,从而在社会谋得生存,也要让学生具备足够信心,从而更好地探寻"诗与远方"。这不仅是一种境界或一种要求,更是学生肩负的对未来生活的一份责任。恰如帕斯卡尔所说,"现在

---

① 习近平. 关于《中共中央关于制定国民经济和社会发展第十四五年规划和二〇三五年远景目标的建议》的说明 [N]. 新华网, 2020-11-03.

② 和学新, 陈晖. 教学的生活逻辑 [J]. 中国教育科学, 2013 (3): 113-137.

永远也不是我们的目的：过去和现在都是我们的手段，唯有未来才是我们的。因而我们永远也没有生活着，我们只是在希望着生活"①。而高校教学高质量发展，也应将"能否让学生真正怀抱对未来生活的无限期待与憧憬"作为应有自觉。当然，高校教学到底如何或在何种程度上对学生未来生活发展进行引领，这一问题是复杂的，包含的因素是多重的，并且学生究竟会在未来面临何种生活境遇也是难以确定、充满变数的，我们所能明确的是，高质量教学应当致力于让学生始终向往未来美好生活，并使美好生活得以实现。

三、高校教学高质量发展的实践路向

（一）以教学理念变革为先导

行动以理念为先导，理念对行动的方向进行引领。因此，存在何种理念，就可能会产生何种行动。在高等教育育人环境呈现新变化、高等教育改革发展迎来新挑战、高等教育强国建设迈向新征程等一系列心境中，如何对高等教育教学进行推动向更高质量、更加公平、更加满意的方向发展，首先要对理念问题、认识问题有更为明确的认识。人们对学习活动、教学活动的内在规律认识的集中体现就是"教学理念"，同时，教学理念也是人们对教学活动持有的基本观念、态度以及看法，是人们从事教学活动的行动指南、指导思想和信念。有何种教学理念，就会有何种教学行为。立足实践层面的教学活动，在整个教学实践系统中，教学理念居于先导地位，引领着教学方向，甚至对教学活动起到决定作用。结合新时代要求以及高校教学面临的持久困局，高校教学高质量发展应对如下理念进行确立：其一，育才与育人相统一的理念。高校教学要将能力培养、价值观塑造和知识传授有机结合，对课程思政中课堂教学的主渠道作用进行充分发挥，让当代大学生真正成为既有才又有德的时代新人；其二，主动求变的理念，高校教学既要对已知进行传授，又要对新知进行创造，因此，高校教学要因势、因时主动求变，从而创造生成、创造转化，更好地对未来之变进行应对；其三，教学学术的理念。长期以来，科研人员将高校教学视为"负担"，因此似乎"轻教学、重科研"也变得有理有据，仿佛天经地义。这其实是错误的认知。这种认知不仅会对科研与

---

① ［法］帕斯卡尔，何兆武译．思想录［M］．北京：商务印书馆，1985.

教学的关系进行割裂，还会对高校教学本身拥有的研究特征加以损害。所以，我们要确立正确教学学术的理念，大力提倡学术与教学相互反哺，通过科研，促进教学高质量持续发展。

（二）以教学能力提升为关键

教师的教、学生的学构成的双边互动活动，就是"教学"。通常来说，教师的教会对学生的学直接产生影响。而教师的教也密切相关于教师自身的教学能力。"大学教师的教学能力是大学教师教学发展的主旨，是提高人才培养质量的着力点，是高质量课堂的根本保证。"[①] 但是长时间来，高校并未充分重视高校教师的教学能力，"绝大多数大学教师毕业于高等学校和科研院所，基本没有经历过教师职业的职前教育；就入职教育而言，目前各高校主要采取青年教师岗前培训方式进行，由于学校和教师本人对岗前培训缺乏必要的重视，很难起到提高教师教学能力的效果；而职中的教育教学知识和能力训练现在基本上不存在了"[②]。这就意味着，绝大多数高校教师仅仅接受了短期集中岗前培训，便登上讲台开展教学工作。尽管这些高校教师大多研有所长，非常优秀，然而这不代表他们真正拥有教学能力，能够很好地完成教学实践。所以，高校教学的高质量发展，必须对教师教学能力这一关口进行把握。我们可以从以下几方面对教师教学能力进行提升。

第一，开展新教师教学能力培训并积极推进。在新教师岗前培训中，对教学实践模块的比重进行增加，从而为新教师更好地提供帮助，使其形成关于高校教学实践的基本技能和系统认知。

第二，将教师教学能力的测评系统建立起来。从前，人们只要通过相关测查（如心理学、教育学等）便能成为一名教师，高校要摒弃这种简单测评办法，依托教学能力测评系统，对教师的教学能力水平以及需要改进的问题进行精准识别，从而促进教师专业发展。

第三，对教师的职后能力发展不断完善。教师能力的提升不能一蹴而就，也不能一劳永逸，尤其是高校教师，更加需要发展职后教学能力。高校可以通过助教制等方式对教师进行帮助，使其不断提升职后教学能力。

---

① 黄元国，陈雪莹. 大学教师教学能力：内涵、困境与实践路向 [J]. 当代教育论坛，2019（6）：49-54.

② 张应强. 大学教师的专业化与教学能力建设 [J]. 现代大学教育，2010（4）：35-39.

（三）以教学方式变革为支撑

教学改革以"教学方式"的变革为基本要求与题中之意，同时，教学方式的变革也是教学改革的主要动力和重要支撑。教学改革的有效程度、深入程度，密切关系于教学方式变革的可行性、合理性、科学性。教学方式是教学活动的基本要素，从整体上对教学过程进行考量，从全局角度对教学活动进行统筹规划，内在规定了教学活动的水平和质量。某种意义上说，教学方式是否有效、科学、适切，对教学成效来说有着直接决定作用。这也代表着，对于教学改革发展而言，教学方式变革是必须考虑的重要方面。因为高校教学研究较为薄弱，加之科研长期"挤兑"教学，我国在研究高校教学方式方面仍有所欠缺、存在不足，这对教学方式在高校教学高质量发展的过程中的支撑作用和应有价值造成极大的阻碍。基于此，我们可以从以下两方面对教学方式的变革进行加强。

一方面，将长期以"教"为中心转变为以"学"为中心，这里所说的"学"有两重含义，一是学习，二是学生。从学生角度来说，转变教学方式，就是还课堂于学生，将学生发展作为中心，对以学生为主体的教学进行落实；从学习角度来看，"当代知识更新与共享速度加速的时代特征，预示着教师的'先知'权威地位逐渐被削弱，学会学习变得比掌握知识更为重要。因此，变革教学方式的核心，在于如何引导学生从学会向会学转变"[1]立足这一意义，转变教学方式需要对教学活动参与感与学生的积极性进行充分调动，对学生的学习体验进行提升，使其拥有更多的持久获得感。

另一方面，对现代信息技术进行有效运用，对其助力教学方式转变的能量进行激活。具体来说，就要将新的教学方式（如智能化教学、翻转课堂、混合式教学等）有机结合于具体的教学内容，对课堂新生态进行重塑，充分发挥新技术对教学方式转变的积极作用。这样，"在教学与技术的'各安其位'与'各展其长'中，实现基于技术与教学深度融合、和谐共生的教学之'美的历程'"[2]。

（四）以教学管理改进为保障

雅斯贝尔斯曾经提出："大学教育在本质上是苏格拉底式的教育，但并非所有

[1] 康淑敏. 信息化背景下的教学方式变革研究 [J]. 教育研究，2015（6）：96-102.
[2] 张铭凯，廖婧茜等. 技术与教学相遇：历程检视与进路选择 [J]. 教育发展研究，2016（12）：28-32.

的教育都是如此。大学生在学校的自由气氛中，通过个人的自我教育可以获得内在的自由，这是大学教育的优越之处，假如实行的是一种像军校或某些修道院式的教育，以极严格的纪律来约束学生，那么这点优越之处就荡然无存了。"① 对于长时间有着过强刚性、以控制为主的大学教学管理来说，这一观点可谓给其带来近乎颠覆式的挑战，也为当前大学教学管理如何实现活力提升、弹力增强留下深刻的反思空间。对于教学来说，教学管理起到整合、规范、协调作用，而对于教学质量来说，有效的教学管理也是重要保障。并且，管理本身便有着"育人"价值，这也与教学的价值相符。其实，立足实践来看，所有教学都对管理有着一定需求，只是我们常常会遗忘那些软性的、潜在的管理，而又缺乏健全的、硬性的、制度化的管理，这就造成高校教学管理长时间处于尴尬状态，可谓"一放就乱、一管就死"。因此，在思考如何优化教学管理的时候，我们可以从以下两个维度进行。

第一，对高校教学管理制度体系进行建立健全。管理效能实现的前提，是具备成体系的、完善的、科学的管理效能，而教学本身就有系统性、复杂性，加之高校教学具有鲜明且突出的自由性、开放性，因此，最为必要和重要的，就是建立与高校教学相匹配的系列管理制度。

第二，对教学管理的结果使用与运行过程进行规范。教学管理旨在让教学质量更高、更为有效、更为规范，所以，一味对错误进行纠正乃至"以管压人"并非管理的价值所在。"一种与人的行为表现相关的制度是否具有人文关怀精神，是否体现人的尊严至上，尊重人的价值，反映人的发展需要，保证人的权利，直接决定着这种制度能够对人发挥什么样的作用，以及能够在多大程度上对人起作用。"② 基于此，在具体运行过程中，高校教学管理尤其要对基本问题进行明确，如去管谁、谁去管、怎么管、管什么等。而无论是考量哪一问题，高校都必须将"人"当作真正核心，从而对管理的人情味道和人性温度进行体现。只有这样，才能将优化管理对高校教学高质量发展的内在价值真正实现。

（五）以教学评价优化为动力

在教育领域中，教育评价是典型的"老大难"问题，因为其深层次矛盾的逐

① [德]雅斯贝尔斯，邹进译.什么是教育[M].上海：三联书店，1991.
② 秦小云，别敦荣.论我国大学教学管理制度的人文关怀诉求[J].高等教育研究，2005（9）：84-87.

渐暴露与显性价值的不断彰显，近年来人们也对其十分关注。"教育评价之所以必须受到重视，不仅在于教育评价对教育活动的后端问题具有调整改正的指导作用，而且对教育活动的前端设计发挥着价值引领的作用。进言之，教育评价对教育的运行、改革和发展均有引领性继而具有决定性，有什么样的教育评价必然导致什么样的教育选择及结果。"① 对教学而言，也是一样的道理。在教学改革发展的过程中，教学评价起到直接、显著的影响作用。不知从何时开始，高校教学变得地位"卑微"，无法与科研平起平坐、相提并论，只要某名教师在科研中取得成绩，就可以依托于此，在工作中顺顺利利、如鱼得水，至于这名教师到底有没有教学积极性、教学成果如何，似乎都可以被忽视。"高校教学盛行'学术反哺教学'的观念，教师的研究能力俨然成为学术能力的唯一象征。"② 长此以往，高校的科研、教学呈现出"两张皮"现象，且十分突出。当教师长期在教学领域扎根时，可能不会对科研前沿有过多关注，而当教师长期奋斗于科研一线，又往往会认为教学之事和自己没有什么关系，或者干脆对教学工作敷衍应付，而这也成为高校教学深层次的隐忧。归根溯源，最根本的原因在于高校教学有着偏狭的评价，尤其是在当前快节奏环境下，人们对绩效予以更多追求，而相对于教学，科研更容易被量化，也更能对某种实际价值进行体现，所以教师纷纷倾向于科研而忽略了教学。但是，不管从何种角度、何种意义来看，教学都是育人最重要的渠道，教学评价的指挥棒作用亟须重新定位与转向。具体来说，一要对教学评价的相关制度进行完善，从而使教学评价有据可依；二要在教师考评中加大教学实绩所占比重，从而实现以评促教；三要尽可能地对重学重教的氛围进行营造，从而让教师真正以教为乐，帮助学生学有所成。总的来说，改进高校教学评价，要通过评价对教师进行激励，使其安心从事教学工作，以教学为荣，最终对高校教学的高质量发展起到推动作用。

① 程天君，张铭凯等. 深化新时代教育评价改革的思考与方向 [J]. 中国电化教育，2021（7）：1－12＋21.
② 赵俊芳. 高校教学评价——"学术人"与"行政人"的博弈 [J]. 复旦教育论坛，2012（5）：28－32.

第二章　高校教学管理研究

教学是高等学校的中心工作，高校工作以教学为主。教学管理在高校工作中处于十分重要的地位。教学管理是高校各项管理中最活跃的主导因素，是高校基本特征的体现、是高校提高教学质量的基本保证、是体现协调"教"与"学"关系的重要手段。搞好教学管理，必须树立正确的指导思想，明确教学管理的总任务及基本内容。本章主要内容为高校教学管理研究，详细论述了高校教学管理概述、高校教学管理体系、高校教学管理机制、高校教学督导工作研究和高校教学管理质量提升五个方面的内容。

第一节　高校教学管理概述

一、教学管理的概念

教学管理由两个层面构成，其一为宏观层面，其二为微观层面。从宏观层面来看，教学管理指的是教育行政机关指导、管理、组织各级各类学校及其他教育机构。从微观层面来看，教学管理指的是学校内部的教学管理。本书所阐述的"教学管理"便是从微观层面来说的。

学校教育产生后，学校的教学管理也随之而生。然而，直到现在，人们都没能统一地对教学管理进行认识。各国学者对教学管理有着不同表述。立足现代教学管理实践，教学管理通常由三个基本部分构成，包括教学过程管理、教学组织管理和教学内容管理。教学内容管理主要包括课程的安排设置、教科书制度、课程体制；教学组织管理主要包括教学组织形式的选择、教学人事管理和教学管理组织系统的构成；教学过程管理通常涉及教学效果评定、教学方法手段的推行或提倡、教学环境的管理、教学目标的设置等。具体来说，本书所阐述的教学管理，便是学校管理者从教学大纲、教学计划、教育方针等的要求出发，对现代科学管理原则、方法、理论进行运用，依靠各管理环节（如计划、组织、总结、检查等），合理组合教学的各个环节、各个要素、各个方面，对学校内部的各种教学资源进行合理调配，从而实现学校教学工作高效率、正常的运转，最终达成教学目标的活动。

高等学校的教学管理是对教学资源及其要素，包括人、财、物、信息、时间、空间的管理，同时包括教务行政、教学运行、教学实施手段、师资队伍、教材建设、教学质量等各教学职能范围的系统管理。

二、高校教学管理的特点

（一）规范化

1.进一步完善教学管理体系

高校教学管理体系是依靠主管校长与校党委的领导，以系部或二级学院为具体运作对象，以教务处为操作中心，通过统一安排，对各种教育教学活动有秩序地实施，对既定教学任务予以完成的有机统一体。对于教学工作来说，完善的教学管理体系是其顺利进行的保证。从当前高校教学管理实践来说，存在如下问题：教学决策权过度集中在学校一级，而院系一级则失去了相应的活力和灵活性，这也导致校级、院级在管理上出现权力未能匹配于职责的问题，造成职责分工不明。因此，要对教学管理体系进一步完善与加强，将一个权责明确清晰、职权相应的组织结构建立起来，并以此为基础，保障教学管理效果的提升。除此之外，在对管理体系进行强化和完善的同时，高校要将以教学服务为本、以学生为本的基本指导思想贯穿其中，真正让教学管理具有"弹性"，使二级院系部门获得相应的权力，让其在教学管理中处于重心地位，将具有服从教学、服务教学特征的新的教学管理体系建立起来。

2.落实教学管理规章制度

唯有建立教学规章制度并对其不断健全，方能将有力的制度保障提供给教学管理的规范化运作。在对教学管理规章制度进行落实时，我们要明确意识到：第一，各类教学文件是教学管理工作的基础，一旦已经制订、形成文件，我们就必须对文件进行严格执行；第二，有效遵守教学管理规章制度，是教学管理工作的核心，如教学计划，教学计划是学校对人才培养规格进行确定、对教学质量进行保障的重要文件，纲领性非常强，所以在教学过程中一定要严格对教学计划加以执行，不可随意改动；第三，教学管理中，各级各类人员都要对自身应尽的职责予以明确，高校要将健全的岗位责任制建立起来，确保教学质量并促进其提升；第四，对教学管理规章的遵守，要做到"有章可依、有法必依"，唯有依照章程严格办事，方能将教学管理的规范性真正体现出来。

3. 运行有效的质量监控和评价体系

第一，应将合理的教学督导机制建立起来。督导机制具有双重作用，分别为"指导"与"监督"。通过对教学过程进行全方位的监督检查，教学督导组能对教学过程中的问题及时发现，第一时间对其反馈、处理，同时对教学参与者和一线教师进行指导，使其更好地参与到教学改革中去，促进高校教学质量提升。

第二，教学督导的结果、效果，可以将事实依据以及权威的第一手资料提供给教学评价。

第三，高校应对科学合理的评价方式、体系加以制订，对教学水平进行公正、公平、公开的评价。

（二）科学化

1. 采用先进的管理方法——目标管理

在现代管理方法中，目标管理是非常重要的一种方式，可以在高校教学管理过程中被有效应用。在教学管理中应用目标管理方法，可以大致分为如下几个阶段：

第一阶段，通过群策群力、相互探讨、上下结合的方式，对合理的教学目标进行制订，并对其进行量化。在量化教学目标的过程中，要始终坚持"以人为本"，一方面让教学工作的执行者能够对自己的职责范围予以明确，做到尽心尽力；另一方面也能避免对教师的教学积极性进行打击，让教师将自身的聪明才智充分发挥出来。

第二阶段，将经过量化的工作目标向执行者递交，让执行者依照工作目标进行自我管理，这样能够对执行者的意愿予以充分尊重，使其能力得到充分发挥，确保有效达成教学目标。

第三阶段，根据教学目标进行公正、客观、科学的评估，继而汇总评估结果，对目标制订、实施过程中的缺点与不足进行明确，在下一步的管理工作中对这些问题进行克服。

2. 充分利用计算机等信息化技术手段

由于现代高校的规模越来越庞大，因此在教学管理过程中，高校也会收集越来越多的数据。如果单纯依靠人工对这些数据进行分析处理，是很难与高校教学管理新形势相适应的。所以，高校必须借助现代管理工具、分析软件等，科学地处理、分析管理中产生、收集的大量信息，将可靠的数据支持提供给今后的决策，保障决策的正确性。

（三）精细化

1. 首先要坚持"以人为本"

归根结底，高校教育就是"人的教育"。高校教育不同于企业的流水线，其"产品"是一个个有着鲜明性格、迥异思维的人。高校教学管理必须坚持"以人为本"，就是取决于这种高校教育"产品"的特殊性。具体来说，就是高校教学管理要坚持以服务学生为本、以服务教师为本。高校的管理有自身独特之处，如管理有着较大自由性、相对松散等，因此，高校在教学管理的过程中，既要坚持原则，又要对实际情况加以考虑。例如，在反馈评教、安排考试、制订课表的时候，高校要对教师的具体情况、性别、年龄加以充分考虑，统筹进行安排，一方面保证完成好管理任务，另一方面也要对教师的具体困难进行照顾，如此方能将良好的管理氛围营造出来。"以人为本"的精细化管理，就是这种对人的感受和细节予以注重的管理。

2. 精细化管理不是其他管理方式的简单抄袭

精细化管理通过明确且具体的制度、规章对教学实施者的行为进行约束，对管理责任的落实进行强化。然而我们也要认识到，任何事都是"过犹不及"的，如果管理操作太过死板、细致，那么非但不会事半功倍，反而会事倍功半，甚至结果与管理初衷彻底背离。所以，高校的精细化管理要摒弃烦琐，避免盲目地对"事无巨细"进行追求，避免将问题复杂化。作为各学科大融合的地方，高校内部本身的差异性很大。例如，教师的科研工作就有室内试验和社会调查、静和动、理和文等区分，如果制订的管理制度过于刚性，对不同学科之间的巨大差异忽视、未做区分，用一把尺子考核教师工作，那么这种工作方法必不是科学的。所以，精细化管理并非简单的数量管理，必须对具体情况进行充分考虑，旨在明确化、具体化责任，继而实现管理有效性的提升。

三、高校教学管理的任务与意义

（一）高校教学管理的任务

任何管理都有自己特定的任务，高校教学管理的主要任务如下所述。

1. 确保教学的正确方向

全面贯彻党和国家的教育方针，全面提高教育质量，是学校的中心任务。教学管理要积极组织教职员工认真学习、理解并掌握党和国家的教育方针和有关部门制订的教育政策、法律，要坚持这个中心。要按学校所规定的学科教学计划进行教学，向学生传授文化科学的基础知识和基本技能，发展学生的个性和体力，培养学生良好的思想品德和奠定科学世界观的基础，使全体学生得到发展和提高，确保教学的正确方向。

2. 保证教学活动的有序进行

高校要对教学工作的各项规章制度进行建立与健全，避免外部非法干预学校正常教学秩序，对正常的教学秩序进行维护。高校要对教学管理改革进行深化，将科学的教学工作体系建立起来，引导教师树立正确的质量观、学生观、教学观，将科学的教学质量评价体系建立起来，形成高校教学工作良性循环的激励机制。此外，为保证教学所需，高校还要对教学设备进行不断更新与充实。

3. 加强教学科研工作

高校要实现教学效率的提升，完成好教学改革实验和教学研究，对教师进行引导，使其开展科学研究，支持、鼓励教师对教学方法进行改革、对教学内容进行更新，对新的教学技术、教学手段进行运用。高校要开展教师培训，实现教师业务工作能力提升，对优秀的教育研究成果进行总结与推广，对教学工作的现代化、科学化进行促进，不断实现教学质量、教学效率的提高。

（二）高校教学管理的意义

教学是有组织、有计划的学生"学"与教师"教"的过程，是对学生进行教育的基本渠道，是学校需承担的中心任务。对于学校管理而言，教学管理历来都是重要内容；而对于学校领导者来说，教学管理也是基本活动。教学管理既是学校教学工作正常运行的保证与基础，也对教育改革、教师成长等方面起到重要的作用。尤其是对于高等院校而言，教学管理有着更深远的意义。

1. 是学校教学正常运行的基础

现代学校的教学活动的建立，以一系列教学管理活动为基础。对于教学工作的开展而言，课表的编排、学生班级的编制、教学人员的组织、教学设施的提供以及教学场所的安排都是必不可少的条件。同时，这些也是教学管理的内容。如果缺少教学管理，正常的教学秩序必然会遭受影响，导致教学工作被破坏。

2. 有助于带动其他各项工作的开展

在学校各项工作中，教学工作处于中心地位。协调组织好教学工作，对于正常、稳定的教学秩序的建立，以及对其他各项工作的带动，都是非常有利的。假如高校经常转移自己的工作中心，时抓时放、时松时紧地进行教学管理，高校的整体状态就会变得杂乱无序，既搞不好教学，也做不好其他工作。

3. 能够促进教师不断发展提高

教师必须在教学工作中不断锻炼自己，方能提升教学水平、发展专业素质。教学是教师在学校中的主要活动，而合理、科学的教学管理，能确保教师在教学活动中得到有益的锻炼，促进教师的教学水平、专业素质得到很大的提升。

4. 是教学质量提高的有效途径

第一，教师的教学技能技巧和教师的专业素质，对教学质量的高低起到决定性作用。唯有对教学管理予以强化，促进教师教学技能技巧、专业素质的提升与发展，方能使教学质量得到有效提高。

第二，尽管教师的个体素质影响着高校教学质量的高低，然而高校教学质量更多地受到整个教师集体所发挥的能量大小的影响。只有经过合理组合，每位教师才能真正充分发挥自己的能量，而教学管理的内容之一便是教学人员的排列组合。

第三，通过教学管理手段对科学的教学方法和成功的教学经验进行推广，有助于提升教学质量。

5. 直接影响着学生的质量和育人目标的实现

教学过程并非单向传授知识的过程，而是在教师指导下，学生各方面都得到发展的过程。良好的教学管理有利于对教师进行引导，使之对教学工作有更为全面的认识，对教与学的关系进行正确处理，最终保证完成育人目标。

正是因为教学管理工作不仅是一种组织性、协调性的工作，也是一项具有思想领导，在教学领域进行改革和创新性的工作，对学校工作有重要意义，所以学校领导一定要重视对教学工作的管理，把它作为学校管理工作的重心，要与时俱进、不断加强和完善教学管理工作。

第二节 高校教学管理体系

一、教学常规管理

（一）用教学工作计划管理教学

教学工作的实施方案就是教学工作计划。教学工作计划能够保证教学工作有序化推进，保证教学任务的顺利完成。

从不同层次出发，我们可以对教学工作计划进行如下划分：学科教学进度计划、教研组工作计划和学校教学工作计划。

1. 学校教学工作计划

学校教学工作计划是全校工作计划的主要组成部分，它规定着一个学期或一个学年学校对教学工作的基本要求，它通常是在校长的领导主持下，由教导主任制订的。它包括以下基本内容。

（1）对以往教学情况和当前社会要求的分析。这是教学工作计划的第一部分，着重对上学期或上学年的教学工作情况作出全面分析，如取得了什么成绩、存在着什么问题、经验是什么、教训有哪些等，对这些问题应明确具体地指出来，以作本学期或本学年教学工作参考。同时，对当前国家教学改革的形势、上级教育主管部门的政策要求，也应进行简要分析说明，使教师和学生明白新学期或新学年教学工作的背景情况。

（2）本学期或本学年教学工作的目标和要求。在前一部分分析的基础上，制订出本学期或本学年的教学工作的目标，以作为全校教学工作的奋斗方向。目标要明确具体，切实可行。同时，教学工作的各个环节、各个方面的规范要求也应阐述清楚。

（3）本学年或本学期教学工作的措施和内容。教学工作的内容涉及本学年或本学期教学工作的具体要求、项目与进程；教学工作的措施涉及教学条件的改善措施，教学方法和思想的改革措施，领导教学工作的改善措施，学习他人经验及开展教学实验的措施，提高学生学习效率的措施，培养和提高教师业务能力的措施，等等。所制订的计划，既要具体明确，有突出的重点，又要避免过度面面俱到、十分庞杂。

2. 教研组工作计划

教研组工作计划是各学科教研组立足学校工作计划要求，从本组具体情况出发，围绕教学质量提高、教学改进这一中心内容，将教法、教材研究作为根本任务而制订的工作计划。教研组组长负责对教研组工作计划进行制订，一般来说，主要涵盖以下内容。

（1）简要分析本组以往教学工作出现的问题以及取得的成绩。

（2）说明本学年或本学期教学研究活动的内容以及教学工作改进的设想。

（3）对每次教学研究活动的时间和内容进行规定，如经验交流的安排，公开教学的承担者、内容和次数，专题讨论的次数和内容，集体备课的常规安排，等等。

3. 学科教学进度计划

学校教学工作计划和教研组工作计划最终要落实到教师个人的教学上，因此各科教学进度计划直接关系到学校工作计划和教研组工作计划的完成。各科教学进度计划包括以下内容。

（1）对以往学生掌握基础知识、基本技能的情况和能力发展情况的回顾，以及对本学期或本学年学科知识体系、重点难点的分析。

（2）制订出本学期或本学年的教学目的、要求，并明确学生应掌握的知识内容和发展能力的要求。

（3）编制出具体的教学进度表，写明章节题目、所需课时、起止时间等。

（二）建立健全教学工作的组织指挥系统

学校教学工作是集体活动和个体活动有机统一的复杂工程，其成败与多种因素有关。对于这一复杂工程来说，教学工作计划的制订仅仅是其中的一部分工作。计划的实施与落实，需要依托于行之有效的组织指挥系统。一般来说，教研组和教导处构成了学校的教学组织指挥系统。

1.教导处

在学校中，教导处是对教学工作进行专门管理的职能部门，称得上教学工作的指挥中心。教导处的职能是否得到充分发挥，与教学质量的提升程度和教学管理的效能发挥情况有着直接关系。所以，教导处应当对"导"的作用进行充分发挥。具体来说，教导处的"导"主要表现在：能够与教育改革动向相结合，对一个阶段（短为一个星期，长为一学年）的教学工作提出有指导性的意见。一方面，这种指导性意见要与学校本身实际相符合；另一方面，也要紧跟形势发展的要求。同时，指导性意见既要有号召力，又要有新套路。

教导处的工作计划包括教师整体工作安排、教师教学进度计划、教研组活动安排等，要实现最优组合，从而最大限度地使各教师的才能得到发挥，最大限度地减少教师交往、工作中的摩擦。一旦在教学过程中产生不协调现象，教导处要立刻采取有力措施，对相关问题进行解决。教导处既要将工作任务交给教师和教研组，也要将工作方法教给他们，使其拥有更强的信心与勇气，更好地完成工作任务。教导处要对教学方面存在的普遍性问题进行及时了解，适时对一些探索性、示范性的观摩活动及公开课进行组织，保证学者有获、教者得法。教导处要将教学反馈信息网建立起来，对教学经验的积累与总结加以重视，做好教学档案。教导处可以在每学期对一到两个教学班、教研组进行选择，使其成为自身的联系点，还可以从学生中选几个典型（包含好的与差的）加以研究分析，更好地对全局工作进行指导。

教导主任是教导处的主要领导者，同时也是校长对教学工作进行管理时的主要助手。所以，从根本上看，想要让教导处的职能作用得到充分发挥，就要充分发挥教导主任的作用。校长在对教导主任进行选择时，要对其素质能力进行着重考察，而当对教导主任委以重任之后，必须让其具有相关职权。校长应让教导主任全权处理教学中各方面的工作，自己仅仅在重大问题、原则、方向上对教学进行领导。

2. 教研组

教研组是教学管理系统中的业务组织，不是一级行政单位，不负责处理行政事务。教研组的任务是研究教学，对该学科的教学进行管理，是教师从事教研活动最基本的组织形式。教学研究活动进行得好与坏，直接关系到教学质量的高低。教研组的设置要便于教师开展教研活动和便于进行组织管理，如果学校规模小，一些学科的教师不足三人，通常是与其他学科教师一起组成联合教研组。教研组长应由知识广博、经验丰富、教学效果好、具有一定组织能力的教师担任。

（三）教学工作各环节的管理

1. 钻研课标

通过纲要的形式，课标对有关学科的教学方法、时间分配、教学进度、教学范围、教学内容、教学任务、教学目的等方面的具体要求进行规定。教师通过对课标进行钻研，能从整体上对教学要求、教材体系予以掌握。在教师备课的过程中，对课标的钻研也十分重要，是上好课的前提与保障。教研组、教导处要就教师对课标的钻研做出规定、提出要求。第一，任课教师要拿到相关课程的教学课标，认真阅读、领会；第二，高校应对教研组进行组织，对教学课标加以讨论；第三，高校可聘请专家或有经验的教师做辅导报告。

2. 备课

在教学过程中，教师通过发挥主导作用，来完成自己的任务。但是教师发挥主导作用是有条件的，一般来讲，应具备这样一些基本条件：一定的思想品德修养、一定的科学文化知识、一定的教育理论水平、一定的教学业务经验等。但是这些都是教师发挥主导作用的可能条件。只具备这些可能条件，不去备课，没有形成这一单元教材的实际教学能力，仍然不能顺利完成教学任务。这是因为教学不是随意的活动，而是根据具体条件，按照确定的教学目的和一定的教学规律而开展的活动。无论教师的科学知识多么丰富，也不能把自己原有的知识任意教给学生。

通过备课，在具体研究和掌握学生情况、教学内容、教学目的、教学特点的基础上，教师才能将自己的教学经验、教育理论知识、文化知识、思想修养转化为各单元教材的教学能力。如果说教师原有的基本条件属于可能的教学能力，那么教师的备课过程，就是将这种可能的教学能力向现实的教学能力进行转化的过程。

教师应当从三方面进行备课。第一，备教材。课标内容的具体化就是教材，教材是教学的依据。教师想要上好课，就必须将教材吃透，对每一课的重难点、每单元的目的意图、教材的体系结构予以掌握，同时要明确每一课的重难点因何存在，又难在什么地方、难到何种程度。第二，备学生。教师要全面了解学生的智力情况、知识基础和来源。第三，备教法。在了解学生情况以及教材重难点的基础上，教师要对有助于学生对教材内容进行掌握的教学方法进行选择。

3. 上课

上课是向学生传授知识、训练学生技能的直接过程，是钻研大纲和备课的主要目的，因此应重点管理好课堂教学。除了制订必要的课堂规则外，学校还应从本校实际出发，制订出能被教师接受的好课的标准，以此作为衡量教师上课质量的尺度。一堂好课的标准应从这几方面考虑：教学目的的确立和实现、教学内容的处理、教学方法的应用、教学过程的组织、教学效果的好坏程度，以及教学语言、板书等情况。制订这样一个标准，既为衡量教师的教学确定了一个尺度，又可促进教师努力提高教学质量。

4. 作业

作业是上课的延续，是学生巩固所学知识并形成技能、技巧的重要方面。对于作业，在管理上应要求教师做好三点。一是作业的布置。布置作业要以教科书为依据，无论课内作业还是课外作业，都要以教材练习为主。一般情况下，不能离开教材另出作业题，作业的分量要适当。二是要对作业进行指导。指导作业要引导学生分析问题，启发他们思考，寻求解决问题的方法，而不是要教师把现成的答案告诉学生。三是认真批改作业。在批改作业时要把带倾向性的错误记录下来，并针对错误进行评讲。

5. 辅导

辅导是上课的必要补充，有助于学生知识的查漏补缺，同时也是对因材施教原则进行贯彻的一条重要途径。辅导应具有鲜明而突出的针对性，一般来说要"抓两头、带中间"。一方面，针对那些理解教材较为困难、程度较差的学生，要进行重点辅导，在辅导过程中，要注重对其积极性、主动性的调动，使学生主动投入学习、积极进行思考；还要耐心地、由浅入深地向他们讲解教材。另一方面，针对优等生，要对其进行启发，使他们能够探寻多种解题方法；要对这部分学生作业的难度和分量进行适当加重；要对学生进行指导，使他们广泛涉猎课外书籍，补充更多知识。

6. 考试

教学工作以"考试"为基本环节，是对学生情况进行了解、对学生成绩加以评定的一种重要途径。考试分为两种，包括阶段考和平时考。所谓平时考，就是在上课过程中测验某一方面内容，这有助于对学生掌握知识的情况进行及时了解。所谓阶段考，就是总结性考试，通常在期中、期末进行。在学生总成绩中，不仅应当包括阶段考试成绩，更应包括平时考试成绩，从而对学生的情况进行全面反映。

在管理考试时，学校管理者应采用以下几项措施：对考场规则进行制订并组织好考试工作，做好试题保密和保管工作，让教师出好试题标准答案，让教师出A、B两套试题，对试题分量和难易程度进行掌握，等等。

二、教务行政管理

在教学管理中，教务行政管理属于基础性管理工作。教学行政工作主要包括教学档案管理、学籍管理、编排课程表、编班、招生等内容。

（一）招生

招生，即根据上级教育部门的招生计划和有关政策规定，在校长领导下，在学年末开展的工作。教导处负责组织招生的具体工作。招生工作包括报名、保管试题、对考试座位进行编号、监考、评阅试卷、对新生进行录取、对通知书进行派发等程序。

招生工作有着很强的政治性，每一项工作都必须严格执行有关规定，不能出任何差错。所以，高校必须严格管理招生过程中的各环节。在考试前，要对试题的保密格外注重；在考试时，要严防舞弊情况；在阅卷后，要遵循全面衡量原则对新生进行录取，杜绝一切不正之风。

（二）编班

教学班是进行教学活动的基本组织形式。编班的质量对以后的教学活动质量有一定影响作用，因此要重视编班工作。

编班的具体要求如下：

（1）每个班男女同学的比例要恰当。男女同学存在着明显的性格、爱好、生理等方面的差异。为了以后能很好地组织学习、劳动、文娱、体育活动以及在和其他班开展竞赛时避免基本条件方面产生悬殊，在编班时就要做到每班男女生的比例恰当。

（2）按照成绩均衡搭配。按录取成绩把学生分为好、中、差三类或分一个等次成若干等级，把不同的类别或等次按一定的数目搭配分班。这有利于优秀学生带动差生。

（3）按照学生原任的干部职务、工作能力、品德表现的状况合理分配。为了新生各班有组织新的班委、团队委的干部条件，在编班时要考虑到学生在原校的任职情况和表现情况，把担任过干部岗位而工作能力又强的同学分散在各班，以使其继续做干部工作。

（4）把不同家庭职业的学生混合编班。不同的家庭职业对学生有不同的影响，这样不同家庭职业背景的学生组织成新的班级后，便于学生互相学习。

（三）编排课程表

对于学校教学工作来说，课程表就是"调度表"，决定着一个学期、一个星期、一天的课堂教学安排，发挥着对学生、教师活动的组织作用。课程表有着重要意义，有助于学校建立正常的教学秩序，保障与教学相关的工作进行得有条不紊。科学合理地编排课程表，有利于实现教学质量的提升、教学秩序的稳定。

（四）学籍管理

教师和领导管理人员通过学籍，能够对学生的家庭情况、健康状况、学习情况、政治思想进行全面了解。同时，学生日后升学、就业也会以"学籍"为依据。

所以，我们要对学籍管理予以极大重视。在管理学籍的过程中，我们通常会采用如下方法。

（1）学籍管理重点涉及如下内容：办理毕业、入学、复学、休学、退学、转学等手续的管理，学生档案管理，学生学籍卡片管理，等等。

（2）学籍卡片专门记载学生奖惩情况、健康状况、学习成绩、思想品德等。

（3）学生档案中主要包括奖惩的详细材料、各种竞赛的优胜证书、三好学生证书、健康卡片、毕业登记表等。

（4）学生毕业、入学、复学、转学、休学、退学等手续，必须保证有据可查。

（5）学籍管理还涉及历年学生总名册。

（五）教学档案管理

教学档案是考查教学工作、检查教学质量、评定教师工作成绩的重要资料。教学档案主要包括教师教学档案和学校教学工作档案两项。

1. 教师教学档案

教师教学档案主要包括如下内容：教师出版的著作、发表的文章，教师获得的教研成果，教师制订的教学进度计划，期中、期末考试试题及试卷分析，教师的听课记录，教师观摩教学的教案，专题经验总结，班主任工作总结和计划，教师的教学和班级工作总结和计划，教师每学期的任课门类与节数，等等。

2. 学校教学工作档案

学校教学工作档案的主要内容有学校各种教学计划、总结、经验材料、报表、期中期末考试试题、毕业生去向名册、学生期中期末考试成绩统计、新生入学成绩统计、升学考试的各种数据统计、学生班级日志、教导工作日志等。教学档案要分类编号，长期保存，设专人保管并定期清理。

三、考务工作管理

（一）教学检查

1. 平时检查

平时检查，即日常检查学校的教学工作。教学检查有很多类型与形式，而在众多类型的教学检查中，平时检查是最不受形式限制的。与其他教学检查相比，平时检查较容易对教学中的实际情况进行了解，对教学中存在的不足与优点及时察觉。所以，在教学检查活动中，平时检查这种检查方式是基础性的，且非常重要的。在日常检查教师的教学情况时，可以采用多种形式：通过同行与学生的议论、教学效果、教学情况、教学计划、教案、备课等进行检查；通过测验情况和对测验情况的分析进行检查。平时检查一方面与教学主管部门的随时抽查相适应，另一方面也与授课教师的自我检查相适应。例如，授课教师可以通过师生课余交谈、检查学生作业、在课堂上的提问、日常观察学生学习情况等对问题进行发现，在日后教学过程中及时解决问题，努力克服困难。

校长、教务处、教研室等有关负责教学的人员，也可以采用平时检查的方式，通过观察、交谈、实地抽查、观摩等，掌握实际教学情况的第一手材料，使教学工作取得更多的实际进展。由于平时检查容易发现教学工作的真实面目，又不拘于形式，容易随时随地开展进行，因此实际教学检查中，应对这种检查方法给予足够的重视，应当把定期检查与平时检查结合起来，统一于具体的教学检查之中，以保证教学检查的科学性与客观性，取得教学检查工作的真实效果。

2. 期中检查

学校教学检查有着多种多样的类型，其中较为重要的是"期中检查"。期中检查，即学校在学期中间，集中对教学工作进行检查，旨在实现教学质量的提升、教学工作的改进。期中检查是一种行之有效的手段，能够对学生的学习成绩和教师的教学水平进行检查，从而积极地推进教师教学质量的提升。无论在组织形式上还是主要内容上，期中检查都有自己的特色。

（1）主要内容

期中检查的主要内容为，依托期中考试，对教师作业批改、辅导、讲课、备课等情况，以及教学进度情况与教学研究工作进行检查，同时，通过对期中考试成绩的分析，对学生的学习负担、学习质量进行检查，从而帮助教师与学校领导对教学工作中存在的问题及时进行发现，便于其有针对性地对学校科研工作、教学工作的具体措施进行制订并加以改进，促进学校教学工作的顺利开展。

（2）组织形式

期中检查的组织形式包括自我检查、教师相互检查、领导检查等。各教研室主任、教学主任、学校校长主要组成领导检查队伍，对全校期中检查的宏观检查负责。教师相互检查指的是同年级的教师彼此互查，旨在发现相互之间的差距，从而更好地实现教学质量提升。自我检查指的是教师自我检查，主要是教师以期中考试成绩为依据，对自身教学工作的成败得失进行总结，对问题及时发现，及时解决，迎头赶上其他教师。

3. 期末检查

期末检查，即学校在期末对教学工作进行集中而全面的检查，旨在实现教学质量的提升、对全学期工作的经验教训进行总结。对于学校教学检查工作来说，期末检查也非常重要，是对教师的教学质量进行检测，助推教学工作质量实现新的提升的有效措施。一般来说，期末检查重点涉及如下内容：

（1）与期末考试相结合，对总复习计划的合理性与科学性进行检查。

（2）对各科试题情况进行审查与研究，从考试成绩的统计、分析出发，对全学期教学工作存在的问题和取得的主要成绩进行分析、检查。

（3）从学生的考试成绩出发，对试读生、留级生、升级生名单等情况进行确定与审查。

（4）对教师和教研室的教学总结进行检查，对全学期教学工作存在的问题和取得的主要成绩进行分析，同时，也可以对教师和学生的假期活动计划情况进行适当检查。

（5）对下学期工作计划进行拟定。

通常来说，期末考试是针对全学期教学情况进行的检查，具有全面性、整体性。常用方法如下：教育改革试验分析、教案或教学笔记分析、作业分析、考试分析、家长会、座谈会、调查会、汇报、听课等。

（二）考试管理

评定、检查学业成绩主要有考查和考试两种方式。

1. 考查

考查指的是平时在课堂教学、课外作业的辅导以及课外学习小组活动中对学生学业成绩进行的检查。考查除了具有一般检查和评定的重要意义外，还具有及时和经常两个特点。经常有计划地考查，可以得到以下效果：一是使教学做到有的放矢；二是可以根据教学反馈，采取有力措施，矫正学生的学习偏差；三是促使学生天天复习功课，养成良好的学习习惯；四是可以减轻学生的学习负担。通常使用的考查方法有课堂提问、书面测验、作业检查、日常观察、实验操作等。

2.考试

考试是从一定的目的出发，在规定的时间内，让学生采用指定的方式对题目进行解答，并由教师对学生解答的结果进行评价，最终将学生某方面知识掌握情况提供给教师。此处所讲的"考试"，并非平时考查，而是与之相对的正规考试、集中考试。平时考查旨在对单元教学目标或每一节课教学目标的实施情况予以掌握，从而对教学活动进行及时控制与调节，所以通常是教师自己命定平时考查的试题。而集中考试、正规考试则不同，其功能与特点都十分独特，是对教师教育教学效果以及学生学业成绩进行评定与检查的一种手段，具有总结性；也是实现教学质量提升、推进教学改革、调节学生学习的依据；更是完成"四有"人才培养、对全面发展的教育方针进行贯彻、实现各级各类学校培养目标必不可少的举措。因此，考试有着特殊的选拔、培养功能。

四、教学质量管理

（一）教学质量管理是教学管理的基础

制约教学过程的主要因素就是"教学质量"。教学过程的每一环节，都受到教学质量管理成效的直接影响。所以，教学质量的管理要涉及教学过程各个环节中学的质量与教的质量。唯有提高教学过程中各环节的质量，方能提升学生的学习质量。教学质量的提升，是学校教学管理的根本目的，而学校教学工作是优是劣，其客观衡量尺度就是学校教学质量的高低。因此，教学管理以教学质量管理为基础。

（二）确定教学质量标准

所谓的管理教学质量，其实就是依照一定标准对教学提出要求。所以，对教学质量标准进行确定是至关重要的，具有重要意义。教学质量标准既是教学需要完成的目标，也是对教学进行检查的依据。如果缺乏标准，那么教学工作就失去目标与方向。对于教学工作来说，教学质量标准是其应尽最大努力实现的目标。教学结果接近该目标、达到该目标和超过该目标的距离，代表着教学质量提高的程度。

我国传统教学在管理方面缺乏教学质量标准，即便是有，该标准也不够明确。基于此，教师自然也很难明确教学要达到的目标，所以教师往往更多地思考怎样传授知识，而鲜少思考每堂课后学生到底对这些知识掌握了多少。在传统教学的影响下，现如今，我国教学的质量标准仍未明确。假如每节课都能够明确教学质量标准，那么每节课的教学任务也自然更为具体。目前，因为缺乏明确的教学质量标准，我们也难以衡量教师的教学质量；此外，当人们听完某一教师的课后，对其教学进行评价的时候，也不具备充分的评价依据，因为无论是讲课的教师还是听课的教师，都不知道考核标准为何，也不知道学生上完课后有着怎样的学习成效，如此便是"无标准就无以论是非"。

在教学管理实践中，对教学质量标准进行制订与研究，旨在对教学进行行之有效的管理，最终实现教学质量提升。因此，对教学标准进行制订与研究具有必要性与重要意义。教育任务、教育目的决定着教学质量的标准，所以，在对教学质量标准进行制订时，我们必须以教育任务和教育目标为指导。教学的对象并不是"物"，而是"人"，对人进行培养不是一蹴而就的，而是一个十分复杂的过程，因此，教学质量的标准既不能以人们的主观臆断来制订，也无法自发形成。我们要以获得的可靠资料为基础，依托深入研究对教学质量标准进行制订。

上述便是教学质量标准的总体制订依据。而具体来说，在制订教学质量标准的时候，我们要对如下两个要求进行考虑：其一，在学生原有的知识基础上，将标准提高到教学大纲要求的目标，这一要求是基本的，也是具有规范性的。其二，在达到教学大纲要求后，以此为基础再提高的目标，是部分学生在达到教学大纲要求的基础上，向知识的深度和广度发展的目标。

（三）教学质量检查

教学质量检查有多种方法，但通常采用如下两种。

1. 了解教学情况

了解教学情况，包括对学生座谈会进行召开、对学生作业本进行检查、对教师备课情况进行检查、听课等。

对于教学质量管理来说，听课是最基本的方法；对于教导主任、校长来说，听课也是他们最基本的工作内容。教导主任和校长如果想对学生学的情况和教师教的情况准确了解，就要常常深入课堂，并把每学期的听课节数作为制度规定下来。领导听课有时可向教师预先通知，更多的是不通知教师，以便了解真实情况，即听课要做到有目的、有准备，听课要做好记录，课后在重要内容方面与教师交换意见。

检查教师备课情况和学生作业本以及召开学生座谈会等也是了解教学情况的重要手段，学校管理人员应经常交换使用。

2. 建立学生学习档案

新生一入学，就必须建立学习档案，把原来学生升学考试的成绩整理出来，以供领导管理人员和教师了解学生原来的知识情况。以后每学期的考试成绩都要填表存档，以便随时检查和针对情况组织教学，学习档案也为学生毕业时的总结评价提供了依据。

学生学习档案通常有两种类型。一是表册制，即按年级安排制订学生成绩表，每次考试的成绩填入相应的栏目内，这又包括总表和分表。二是户头制，即给每个学生都制一张卡片，栏目设计可根据具体情况来定，每次考试成绩填入相应的栏目内。此外，班级内还可制订学生知识缺陷表、学生掌握基础知识进度表等，也可以将两者综合起来制成反映学生全面情况的总汇表等。

（四）教学质量分析

教学检查的目的在于对教师的教和学生的学进行科学的分析，找到问题的症结，从而改进教与学，以提高教学质量。

1. 教学质量分析的内容

（1）对教与学的情况进行分析。通常来说，学生的学和教师的教决定着教学质量。然而，实践中也会有如下情况：部分教师教学能力较差、知识水平不高，没能取得较好的教学效果，然而学生可以依靠家长的悉心辅导，或者通过自身的勤奋努力，依旧得到了很好的学习成绩；部分教师有着很高的教学水平，然而学生自己不用功、不努力，或者智力、身体方面存在问题，导致成绩很差，始终得不到提升。通过上述阐述，我们可以看出，学生和教师共同对教学质量的高低起到决定作用，所以我们要从教与学两方面进行分析。

（2）对教材特点进行分析。在对教材进行分析时，我们应当着眼于如下两方面：其一，相较于过去的教材，现在的教材有着怎样的特点？内容是更深了还是变浅了？现在的教材和整个学科理论体系存在何种关系？其二，从学生的智力水平、知识基础出发，判断学生能否接受现行教材。

（3）对各班各门学科成绩情况进行分析。对各班级各学科的平均分数以及平均分数的下降率、上升率进行统计，继而对某一班级某一学科的学生成绩发展趋势以及教学质量状况进行分析；对各班差生人数和优秀学生人数进行统计，对同一学科中试题或作业的相同的错误率与正确率进行统计，继而对教师的教学情况和学生的学习情况进行分析、了解。

（4）分析学生掌握知识的质量。分数只能有限地说明学生的学习情况，要充分地分析掌握学生的学习情况，还要分析学生掌握知识的质量，这主要指分析学生掌握知识的深度和广度。具体说来就是分析学生对教材掌握的程度，对基本技能掌握的熟练程度，以及学生所具有的课外知识水平。这是更综合、更抽象的分析，标准也只能是相对的，衡量尺度往往是描述性的。

2. 质量分析方法

（1）层次分析。这是把分析对象由个别到全体划分成若干层次，然后逐一分析。例如，先对各个教师和学生的情况做出分析，然后对教研组和班级做出分析，在此基础上再对全校教与学的情况做出分析。自然，颠倒以上的分析顺序也行。

（2）对比分析。所谓对比分析，就是将同一对象的前后情况或两个及两个以上的对象进行对比，加以分析的方法。一般有着如下两种情况：其一，分析两个并列的对象。例如，同时分析大三（一）班和大三（四）班，这也被称为"横向对比分析"。其二，分析同一对象的前后两个或两个以上情况。例如，分析大三（四）班上期情况和本期情况，这也被称为"纵向对比分析"。当然，上述是总体分析方法，当对比分析中涵盖具体内容时，我们还要考虑很多其他问题，如定质、定量等。

（3）动态分析。教学质量的提升并非静态过程，而是动态过程。为对教学质量的变动情况进行掌握，我们可以根据考试时间顺序，立足全体学生（或从全体学生中抽取部分学生）某阶段的学习成绩，求出每次考试的平均成绩，对质量动态图进行绘制，从而对教学质量的发展变化情况进行观察、分析。因此，对质量变化各种情况进行研究、分析，继而发现问题，最终创造条件实现教学质量的不断提升，这也是学校教学管理的一项内容。

（4）原因分析。制约教学质量的因素很多，如教师方面、学生方面、教材方面、教学手段方面的因素等。但各个阶段的教学质量高低的原因究竟是什么呢？这就要具体情况具体分析，常用的分析方式是：把影响教学质量的各种原因找出来，按类别加以整理，绘制出原因分析图，也叫"因果图"，这样的图制成后很像鱼刺，又叫"鱼刺图"。

以上（3）、（4）两种分析往往要形成图形，因此它们有直观、明确、一目了然的优点。

对教学质量进行分析，旨在对造成教学质量优劣的原因进行明确，从而汲取经验、总结教训，对工作重点和提高教学质量的相关途径进行进一步探讨。立足质量分析，我们能够对需要特别强化控制和管理的重点环节予以明确，对关键工作和管理工作的关键方面紧紧把握。因此，也有人认为，开展教学质量分析，主要是为了对管理点进行建立。

五、教学研究管理

教学研究管理，即学校管理者对全体教师进行领导、组织，使之协调一致地、积极地且颇具成效地进行教学研究并达成预定目标所进行的工作。教学研究管理主要包含以下三方面。

（一）制定教学研究目标

要做好教学研究管理，首先要引导全体成员制定好教学研究的目标。教学研究目标是教学研究管理的出发点和归宿，是全体成员进行教学研究的"航标"及对教学研究结果进行评估的准绳。离开了它，对教学研究的管理就会产生盲目性和随意性的效果，就会失去管理的方向和依据。可见，制定好教学研究目标是管理的首要任务。

1. 目标的制定要符合主客观实际，具有可行性

"一切从实际出发"是做好工作的首要原则。所以，教学研究目标必须符合本校的实际。如果拟定的目标不符合实际，所开展的教学研究就不能有效地推动

本校的教学工作的改进。这里所指的客观实际有两个方面：一是要充分理解党和国家的教育方针、政策、法律法规，使我们的教学研究目标与我国教育现代化的需要相适应；二是要充分了解本地区、本校的教学实际（教师的教、学生的学、教学的历史和现状等），只有从本地区、本校的实际出发，充分考虑本地区、本校在教学中需要解决的问题，制订出来的目标才不是"空中楼阁"。一般来说，研究力量比较雄厚的学校可以组织专门力量，就有关教育方面的重大问题进行理论的研究和探讨；而不具备这样条件的学校则应主要选取与本校教学实际接近的课题进行研究，这样的教学研究目标虽不是轻而易举就可以达到的，但只要通过自身的积极努力和创造性的实践活动，完全可以在预定的时间里达成。通过努力才能达到的目标具有增强成员信心的作用，并能激励成员在达成目标后为实现更高的目标做出更大的努力。

2. 目标的制定要有鲜明的导向性和先进性

任何一个管理系统所要达成的目标，对全体成员来说都必须带有明显的导向性。所谓导向性，是指目标要符合教学研究的大方向，立足于我国的教育实践，放眼世界和未来，力求为我国的社会主义现代化建设做出贡献。只有沿着这个大方向前进，我们的教学研究才有广阔的前途，我们的研究成果才有可能为教育事业的发展做出贡献。所谓先进性，是指"目标"所显示的前景要优于现状，"目标"所解决的问题是在沿着教学研究的大方向前进中那些前人不曾解决的问题（至少是在本地区或本校尚未解决的问题）。要达成此目标，需要成员积极努力，付出创造性的劳动。因此，目标的先进性能鼓舞成员奋发向上，积极进取。

3. 所制定的教学研究目标要有层次性

毫无疑问，一所学校的教学实验、教学研究，必须依照总体目标进行。然而，想要真正实现总目标，需要分解总目标，使之成为低一级的子目标，或成为各有关群体及其成员的单项目标。此外，无论是低一级的子目标、单项目标还是总目标，其中都应有近期目标、中期目标、长远目标的划分，如此，方构成具有层次性的目标体系。

教学研究目标的层次性对众多目标之间的从属关系进行反映。子目标或单项目标取决于整体目标；近期目标、中期目标取决于长期目标。目标的层次越低，就有着越具体的内容、越强大的可操作性。同时，各类目标的价值、意义也不尽相同。例如，总体目标起到方向性作用，对总体要求进行体现；其他各类目标则是总体目标实现的必不可少的部分。如果缺乏具体目标的落实，那么总体目标就像空中楼阁，谈不上"实现"二字。所以，教学研究管理以"落实具体目标"为关键所在。

（二）抓好目标实施过程中的"三个落实"

1. 组织落实

任何目标都需要通过一定的组织形式才能顺利实施。因而抓好组织落实是实施教学研究管理的重要环节。成立由学校校长或教导主任领导的学校教学研究室或教学研究小组，负责全校的教学研究组织与管理事宜。同时，通过校教研室加强对教研组的教学研究活动的管理，因为教研组是教师进行教学研究的组织，是学校教学系统的基层组织，学校的教学研究都是通过教研组具体实施的，它直接影响着教学改革的进程与教学质量的提高。

一所学校能否扎扎实实地开展教育改革实验、教研活动，并取得成效，很大程度上取决于教研组组长。所以，对教研组组长进行确定，是教研组组建过程中的一项重要且关键的工作。高校应当通过民主选举、自由竞争等形式，选拔那些有着较强责任心和组织能力，在教学中威望较高、具备奉献精神、积极主动从事教学研究、业务能力强、政治思想好的优秀教师，委以领导教研组重任。

除此之外，学校领导还要有意识地对教学研究的骨干力量、积极分子进行培养，将教学方法传授给他们，在教学时间中对这些积极分子、骨干力量"传、帮、带"，实现其教研能力的提升。通过发挥教学研究积极分子、骨干力量的带动作用，使广大教师纷纷积极、主动地参与教研活动，让教研活动得以持久、广泛的开展。在组织落实中，这一环同样不容忽视。

2. 制度落实

搞好教学研究管理，制度落实是关键。只有将切合本校实际的各种规章制度建立起来，并不断健全完善，方能确保教研活动正常、顺利开展。学校领导应当制订全校的教学规划实施方案，同时对各学科教研组提出要求，使其从学校要求出发，立足本组实际情况，对教研工作的整体规划进行制定，每学期、每学年都要有明确而具体的、可实现的活动计划。依照教研组计划，每名教师都要从自身实际情况出发，对个人奋斗目标与教研计划进行制订。

学校要将教研档案制度、学习制度（学习外地先进经验以及教学研究的有关教参、大纲、理论）、听课制度（如研究课、观摩课等）集体备课制度（对集体备课时间进行明文规定）建立起来。在制度建立过程中，要对"三实"进行遵循，即讲求实效、实事求是、从实际出发。在制度落实的过程中，还要做好如下两项重要工作：

其一，管理者要在制度方面保证将表现才华和发言的机会提供给教师，如召开教师研究经验交流会，让教师发表个人见解、展开研究成果交流、彼此介绍经验等；对校内刊物进行充分利用，使之成为交流经验、研究学术的园地；举办各种学术报告会，在会上介绍专题研究的论文、实验总结或相关成果。

实践告诉我们，唯有将充分展现的机会提供给教师，让那些在教学研究中取得优秀成果、鲜明成绩的教师崭露头角，方能激发广大教师的积极性，使其投身于教研活动之中，从而实现教学研究水平提升、活跃学术气氛。

其二，有条件的话，高校可以采用"请进来、走出去"的方式，对外地外校的先进经验、优秀经验进行学习，不断为本校输送"新鲜血液"，从而将"营养"提供给广大教师，帮助其实现教学研究能力的提升。

3.检查落实

管理科学告诉我们，任何工作只有布置缺少对工作效果的检查是不行的。在学校里，当教学研究没有成为自觉行动之前，往往被看作不同于教学的软任务。因此，对教学研究的检查尤其重要，管理者不应把此项工作单纯地视为管理者与被管理者的对立行为。而应该参与教学研究与实验，把检查、监督与共同研讨、面对面指导结合起来。把竞争机制引入教研活动中，制订教师的教研量化考核办法，并把教学研究的成绩与教师的奖惩挂起钩来，与教师的晋级、评先挂起钩来，以充分激发每位教师教研的积极性、主动性和创造性。

（三）提高学校管理者的素质

虽然开展教学研究活动主要是对教师进行依靠，然而有效管理、组织教学研究也是必不可少的。之所以部分学校长时间未形成教学研究风气，主要是因为没能较好地管理、组织教学研究。而学校管理制度素养的高低，很大程度上决定着学校是否能对教学研究进行有效的管理与组织。想要实现学校教学研究管理人员的素养提升，首先，要对管理机构的全体人员进行组织，使其认真学习马克思主义、毛泽东思想、邓小平理论、"三个代表"重要思想和对科学发展观，对习近平新时代中国特色社会主义思想进行全面落实，强化管理者思想建设，强化员工做好教学研究管理的责任感、事业心。其次，要组织管理机构的全体人员对教育政策、法规、法律和教育方针进行努力学习，对改革方向加以明确，对改革意识进行增强。再次，管理机构的全体人员要对现代教育理论、教育思想进行刻苦学习，熟悉并遵守教育规律。最后，管理机构的全体人员要对现代管理原理及管理科学理论基础（如信息论、控制论、系统论等）进行学习，从而不断提升教学研究管理的业务水平。

六、学籍管理

（一）学籍管理的功能

所谓学籍管理，就是教学管理者根据一定程序、方法和原则，依照国家对学生全面发展的要求，对学生生活、学习各方面表现进行全程或阶段的质量考核，并进行评价、记载，做出处理；同时，根据相关规章、政策要求，控制学生入学、毕业、变迁。具体来说，学籍管理发挥着如下几方面作用。

（1）管理功能

学籍管理严格遵照规章制度进行，因而能够准确、及时地处理学籍的有关问题，防止出现拖拉、扯皮、互相推诿的情况。教学管理者必须不徇私情，做到秉公办事。在学籍管理规章面前，学生人人平等。基于此，对于学生的行动、思想、学习来说，学籍管理都有一定强制性和约束力，发挥着管理与督促的作用。

（2）指导作用

对学生的德、智、体各方面，学籍管理都有明确的规格要求；对注册、入学、跳级、降级、留级、升级、转学、退学、复学、休学、肄业、结业、毕业等方面，学籍管理都做出了明确规定。基于此，学籍管理能够对学生进行有力的指导和教育，使其对学习目标进行明确，自觉主动地奋发学习。

（3）检测功能

在学籍管理中，明确规定了考核办法和学生规格。因此，实际上学籍管理规章是一把尺子，对学生有没有完成课程计划规定的学习任务、能不能达到升级、毕业标准进行衡量，能够起到检测教学质量的作用。

（二）学籍管理的原则

（1）学籍管理规章需要结合学校实际

学籍管理规章的制定通常要依据国家有关政策进行，因此，学籍管理规章有着较强的强制性、政策性，各学校应对学籍管理规章要坚决执行。不过，因为不同学校有着不同情况，所以各学校也可以从本校实际出发，对学籍管理工作细则进行制定。

（2）灵活掌握与严格要求相结合

学籍管理要坚持原则、严格要求，不可姑息迁就、马虎敷衍。与此同时，也要慎重对待具体问题，灵活处理特殊问题。

（3）教育与管理相结合

管理需要依照规章制度进行，缺乏规章制度，管理也无从谈起，所以，实际上管理也是教育的一种手段。教育与管理彼此促进、相辅相成。一方面，高校要始终做到严格管理，不能有丝毫松懈；另一方面，高校要将学籍管理规章宣传给学生，让学生对其有深刻且正确的认识，自觉自愿地依照学籍管理规章行动。

（三）学籍管理的内容与方法

（1）办理学生的报到、注册，对新生学籍表或学籍卡片进行填写，对学生证进行签发。教育行政部门负责制定学籍表和学籍卡片。

（2）按照班级，将学籍表或学籍卡装订成册。同时，依照学籍表或学籍卡，学校每学年初要对分班名册和全校学生总名册进行编造。

（3）对学生奖惩登记表进行及时填写。

（4）办理学生的复学、转学、退学、休学，以及为学生发放毕业证。对于高校来说，还需要对个别学生留级手续进行办理。

（5）每个学生的学籍档案材料的主要内容应当包括：学籍登记表、学生健康检查表、体育锻炼登记表、学生社会实践活动登记表和劳动技术教育登记表、奖惩记录、毕业生登记表、毕业证存根等。每学期结束时，要将学生的学习成绩、操行评语、出缺课情况、受奖惩情况等逐一登记在学籍表上。学生因故休学、退学或转学，必须一一注明。

（6）教导处要设专人管理学籍工作。学籍材料要纵有纵档，横有横卷，学生个人的、班级的、级段的、学校整体的学籍都要有条不紊地归卷管理。每个学生要专设"户头"，以便查阅。每个班级要单设一卷，以便查找。

第三节　高校教学管理机制

高校的教学管理系统，在人的因素上，包含着高校教学管理的决策者、教学管理者、教学者、学习者以及教学评估人员、教学督导人员等。除了教学系统，还有科研系统、后勤系统、学生工作系统、人事管理系统、成人教育系统，等等。所有这些系统及教学系统内部的各种因素构成一种极为复杂的动态关系。然而，高校内部的各种要素及构成的动态系统要实现和谐统一，就需要建立一套有效的教学管理机制。那么，如何来理解高校教学管理机制这一概念的准确内涵呢？高校教学管理机制建立的基本出发点又是什么呢？这些是建立高校教学管理机制的基本理论问题，也是建立教学管理机制的现实前提。

一、高校教学管理机制的内涵

（一）教学管理机制

我们将教学管理机制理解为：教学组织系统为激发和约束教学组织系统内部的个体与群体的行为而进行的制度安排。在这里，教学组织系统内部的个体，包括教师、学生、教学管理者以及高校内部与教学直接关联的一些其他人员，重点是教师和教学管理者；其群体则是上述个体的类的集合，如作为群体的教师、作为群体的学生、作为群体的管理者，等等。结合第一种有关教学管理机制的理解，作为教学管理机制研究的核心问题，就是教学管理通过怎样的制度安排，而使得教学系统内部的所有人员，其教学的热情和积极性都能够得以极大地调动与激发，同时又使得各种有碍于教学目标实现的那些行为最大限度地减少。

组织系统内部各成员之间的行为是相互影响的，单纯地看，一个制度安排也许是好的，但是由于它必然要牵涉到组织系统内部的其他成员，因而一个看起来良好的制度安排，实际运行则可能是一个坏的结果。因此，制度安排的核心是教学管理系统内部成员的各种关系的妥善处理，即从教学目标实现的角度出发，尽可能使得每个成员，无论是教师还是教学管理者，都能够心情舒畅地、全身心地投入教学工作。在对这样一个问题的研究中，一方面我们将分析教学管理的各项制度与规范（制度是对要素间关系的预先设定）；另一方面，我们将研究各种非制度化的东西（如各种人际关系及其关系网络）对教学管理运行过程的影响。

（二）教学管理机制的核心问题

从我们对教学管理机制的理解来看，核心的问题有两个。一个是有助于教学目标实现的诸行为的激发问题。从教师的教学来看，显然，认真备课、在备课的过程中查阅各种资料、对教学过程进行精心的设计、认真地组织课堂教学和实验教学、一丝不苟地指导学生的毕业论文和设计、组织学生参加各种社会实践活动和课外活动、引导学生进行科研等，不仅有利于高校生的能力培养和素质提高，也有利于促进教师的科研与学术研究。因此，教学管理就应当通过机制设计，促使上述行为的出现，并且并非短暂而是持续不断地出现。另一问题是与上述积极行为相反的行为，即那些不利于高校生能力培养和素质提高的行为，则需要通过机制设计进行抑制，使其在日常的教学工作中不被表现出来。

但是无论是教学行为（包括教学管理行为）的激发还是约束，教学管理机制的建立都必须以对教学行为的分析为条件。为此，建立有效的教学管理机制时，我们需要鉴别出对教学质量有着至关重要影响的教学行为有哪些，以及各种教学行为彼此之间的关系，教学行为与高校内部的其他方面的行为如科研行为、社会服务行为等之间的关系。不仅如此，还需要考察激发或约束的行为与高校教学管理系统外部环境之间的关系。这种鉴别对于教学管理机制的建立具有方法论上的意义。没有这种对教学行为及与其他行为关系的鉴别，则一切有关教学管理机制建立的构想都是虚空的。

特别需要强调的是，教学行为的鉴别是一项系统的管理工作。对于教学行为的鉴别意味着，实现提高教学质量的教学管理机制虽然能够被设计出来，却可能是无法自我现实的。教学管理机制有效的实现需要设计一种额外的实施机制。鉴别正是这种额外的实施机制的表现。然而要做到准确鉴别，则需要对鉴别者给予适当的激励，以使其忠于职守。所以，教学管理机制的设计就不仅仅是对教学者的行为激发或约束的问题，同时也是一个对教学管理者的行为激发或约束的问题。管理者需要被激励，这意味着需要对机制实施者建立实施机制。这种实施机制，或者称为额外的实施机制并不在本书所讨论的范围之列。不过，它作为教学管理机制实施的核心思想，仍将在各种相关的讨论中呈现出来。

二、高校教学管理机制设计的基本假设

如果教学管理者和教学者都是"好人"或有道德的人，且都具有广泛的友爱和利他精神，那么教学管理机制的设计问题就纯粹是多余的；又假如学校并不是一个非营利性组织，而一个纯粹的营利性的市场组织，则市场机制就可以基本上解决我们所需要考虑的所有问题，教学管理机制设计问题也是多余的。然而，这两种假设似乎都难以确证。这意味着，教学管理机制的设计，与我们对组织管理、对管理的对象——人、对学校作为社会组织基本的看法有着不可分割的联系。为此，我们需要讨论有关教学管理机制设计的几个基本假设。整个高校教学管理机制的设计，正是以下面的三个假设为其逻辑前提。

（一）关于组织管理的观点

自从组织理论产生的那一天起，就有两类截然不同的关于组织管理的文献。尽管有关组织管理的两种不同观点所指向的是一般性的社会组织，但是高等院校作为社会组织，仍然具有组织的一般特征，因而，组织管理理论的观点具有对高等院校的适用性和推演性。

第一类是将组织管理看成是激励制度和惩罚措施的机制设计问题，以促使追求个人利益并且缺乏内在努力动机的成员们认识到，为组织的目标而努力工作符合他们自身的利益。按照这种理论，无论是管理者还是被管理者，在工作过程中都会存在"卸责"的问题。对于管理者来说，由于管理者没有什么更好的办法在下属中推行价值最大化合约，因此为了使管理工作做得更容易一些，管理者会采取诸如提高工资待遇的做法，同时回避一些难为的工作。这是管理者的管理卸责。对于被管理者来说，由于人们总是在团队中工作的，被管理者也意识到，如果每

一个人都努力工作，而不是偷懒或消极应付，则他们的处境会更好。所以，所有成员会同意努力工作。然而对个人的最优策略选择来说，如果别人努力工作，自己不努力工作则处境会更好。所以最优的策略选择是自己卸责，别人都努力工作。当每个人都选择这种最优策略时，团队的处境就会变得更为糟糕。

因此管理被看成是通过正确的奖惩制度对下属的行为进行规制。例如委托—代理理论认为，代理被看成是具有不同偏好的人，而且他们作为理性最大化的个人，追求着这些偏好。而委托人的工作则是预测代理人的理性反应，并设计出一套激励策略，使得代理人觉得采取一些最优的可能行动，会符合他们自身的利益。按照这种思路，如果管理者有恰当的激励策略，则他们不必"领导"或"激发"下属们去做正确的事，因为下属们自己会发现正确的行事恰好符合他们自身的利益。

从这种理论观点出发，教学管理系统中的人们，和其他组织系统中的人并没有不同，都有自己的利益追求。无论是教师还是教学管理者都知道，每一个人都努力把各自的工作做好，其实是对所有的人都是有利的。同样，他们也会认为，最好的处境则是别人都努力工作，而自己不努力工作。当每个人都在对他人的教学工作或教学管理工作进行各种评论甚至是批评时，这种评论或批评的背后，实际隐含着对他人工作状态的一种期待以及对于实际的工作状态的不满意。表面上看来这是一种对于组织的关切与热爱，而实际上这只不过是个人在组织内部企图卸责的一种掩饰。当组织系统内部流行着"干的不如看的、看的不如说的、说的不如骂的"之类的讽刺性说法时，实际上它反映了两个基本的事实，即机制的不完善以及人们所表现出来的组织卸责。如此，则组织系统内部就会出现骂的多于说的，说的多于看的，看的多于干的现象。这对于组织系统来说是非常危险的。如果这个组织系统是营利性的，其生存与发展取决于市场的力量，那么这样的组织系统就濒临于死亡了；如果这个组织系统的经费来自政府的财政，那么这个组织系统必将是一个低效率的且被社会所诟病的系统。

第二类是将组织管理视为通过恰当的管理激发下属超越自利性追求。管理者的主要任务就是激发下属做出"道德程度"所示范的那种奉献。例如巴纳德认为，如果缺乏一种责任感和献身精神，人们的工作能力将不会发挥出来，甚至将不会产生这些能力。组织的生命力与该组织所治理的道德程度成正比。也就是说远见卓识、长远目标、高尚理想，是合作得以维持的基础。在这种情况下，机制的设计就不必要了。因为机制的设计是基于人的自利行为，而如果人们能够超越自利性追求，那么机制设计就会把组织成员的人格看得太低下了。然而这并不意味着管理工作就变得可有可无了。实际上，从超越自利性追求的人出发来进行管理，其管理的难度要远远大于机制设计的管理难度。因为，从某种意义上说，自利乃人的自然本性。而超自利性则是人在社会生活中形成的第二属性。对于管理者来说，他得通过教育与引导，使得组织系统内部的成员能够超越自利性追求，得激发起被管理者的责任感和事业心，让被管理者为实现远大目标而努力工作、勤奋工作。

因此，在教学管理过程中，我们既要把管理对象看作是有利益追求的，也要把他们看作是超越利益追求的。人是复杂的，往往具有多面性。人既生活在物质世界之中，也生活在精神世界之中。因此，管理需要针对人追求利益的自然本性，利用人的自然本性来实现管理目标，这便是设计机制；同时管理也需要利用人的超利益性的属性，通过各种形式的教育与教化，激发起人们的责任感和事业心。激发起人们的责任感和事业心，并非违反人的自然本性，因为在人的第二天性中，献身精神乃是人参与社会活动的基本动力之一。人虽然自利，但是每个人都清楚，他必须生活在与他人的交往之中，任何人都不能脱离他人而孤独地生活。即使人能脱离与他人的交往而生存，那他的生活也将是不幸的。因此，当机制设计成为教学管理的核心主题时，这绝不意味着责任感和事业心在教学管理中不重要。恰恰相反，由于教育乃是非营利性的社会事业，它需要教学系统内部的所有人员具有奉献精神和献身精神。

（二）关于作为管理对象的人

1. 机制设计的人性假设

上述两种关于组织管理的不同观点，隐含着对人性的不同假设。显然，组织管理理论的不同见解与其人性假设有着密切的关系。机制设计以有限理性人为出发点。"有限理性"包含这样两种含义。

首先，人是理性的，同时由于人是自利的，因而个人在特定环境下的策略选择取决于其如何考察并权衡各种不同策略的收益和成本及它们的可能结果。所谓"理性"，经济学家指的是当个人在交换中面对现实的选择时，他将挑选"较多"

而不是"较少"。"理性"所表明的，是指个体在进行选择时，是以充分的计算为前提的。至少在个体本人看来，他是经过充分的计算的。至于实际上他是否做到了充分"计算"从而获得最大效用，这并不重要。重要的是，个体的行为是经过了计算以及他是基于怎样的判断来进行计算的。而后者恰恰是管理者在进行机制设计时要考虑的。"理性"所指向的是一次行动后个体可能获得的效用。而机制所要表明的，则正是要让行动者知道，他在组织系统内部所采取怎样的行为，会给他带来怎样的利益。因此，也可以说机制就是一种"明示"，即对个体在行为系统内部的各种不同行为与其相应的行动结果关系的"明示"。

其次，人的理性是有限的。所谓"有限"，是指由于人所面临的环境具有复杂性，人在进行选择时，在计算收益和成本方面是易犯错误的，因而人们虽然趋向于理性，但实际上只能是有限理性。这主要是因为人的理性受到接收、储存、检索以及处理信息的神经物质能力的限制，也受到让其他人理解的知识和感觉的语言能力的限制。由于人的理性总是有限的，因而人在行动时就难做到精确计划。在这种情况下，个体就会采取违规的策略来取得他想要取得的东西。概言之，有限理性人一旦有机会，就会实施规避责任、搭便车或者寻租等有利于私人利益而不利于公共利益的行为。为此就要设计出一套有效的管理机制，使被管理者在进行选择时，以谋求公共利益作为实现个人利益的手段。

人是自利的，高校教学管理者以及教育者同样也是自利的。这并不可怕。实际上，只要人们在追求自己的利益的过程中不妨碍他人对自己利益的追求或不损害他人的利益，同时在追求私利时能够同时实现公共利益，那么这种自我利益的追求倒也可以作为社会进步的动力。可怕的是我们在管理中拒不承认人的这种自然本性，并且以各种貌似合理的语词来矫饰或掩饰。其结果只能是每一个人都生活在虚假的高调之中。管理的真谛恰恰在于各种管理策略和管理方法的运用应当遵循人的自然本性，而不是违反人的自然本性。

2. 机制设计的个体行为假设

在社会中，当一个人选择某种行动时，不仅涉及个人的成本与收益，而且可能给自己以外的其他人施加成本或带来收益。对于个体行为所表现出来的这方面的特点，我们说该行为具有"外部性"。换言之，从管理学的角度来看，组织系统内部的个体行为总是或多或少会影响到他人。从教学系统来看，教师的教学状态直接影响到学生的成长和发展。积极参与的教学与消极的教学对于学生的发展显然具有不同的意义。而且任何一个教学行为从教育的角度看都会影响到学生，从组织氛围或组织文化的角度来看，也会影响到其他教师的教育表现。因此，对于教学系统而言，没有所谓单纯个体的行为。每一个行为都会对他人及组织的公共利益产生无法预计的影响。问题在于，这些影响不全是积极的或正向的，即可能会给他人和组织带来不好的影响，在人的自利追求的背景下，它所带来的往往是负面的、消极的影响。社会秩序的建立、组织系统内部的管理，其目的就在于要使得这种负面的、消极的影响降到最低的程度，不至于每个人都单纯地只从自己的角度来进行策略的选择。这种情形被称为人的行为的外部性。那么如何来分析和判断这种影响的性质呢？经济学的分析视角也许能够启发我们的思维。在分析人的行为的外部性时，经济学家对成本和收益的主体进行了区分，行为主体个人直接承担的成本称为"私人成本"，个人直接享受的收益称为"私人收益"；相应地，把私人成本与施加于他人的外部成本之和称为"社会成本"，私人收益与给他人带来的外部收益之和称为"社会收益"。理性人的决策是基于私人收益与私人成本的比较做出的。这样看来，个体行为给他人带来积极的影响，就意味着给他人带来收益的同时，所施加于他人的成本很低；而所谓个体行为所带来的消极影响，则是指施加于他人的成本远远地超出了可能给他带来的收益。

个体活动的外部性和人的有限理性产生了激励的需要，即通过一定机制的设计，把个体行为的外部性内部化，通过规则的强制，迫使产生外部性的个体将社会成本和社会收益转化为个人成本和个人收益，使得主体对自己的行为承担完全责任。一种行为的外部性本身与机制的设计有关。对于一所高等学校来说，管理者并不是学校"剩余的索取者"。"管理激励"则是组织通过提高行为主体的效益来实现自我收益的最大化。因此，教学管理机制设计问题，就不仅仅是对教师的管理机制设计问题，而且也包括对教学管理者的管理机制的设计问题。

（三）关于学校作为非营利性组织

机制设计不仅与人们对组织管理和人性看法紧密相关，而且也与人们对社会组织属性的看法密切地联系在一起。社会组织各种各样，数量众多，但根据其内在的追求及基础，大体可以分为三类，即政府组织、工商企业组织和非营利性组织。不同属性的社会组织有着不同的存在基础及运行机制。政府组织以权力为基础，以公共责任为其机制；营利性组织以利润为基础，以市场竞争为其机制；非营利性组织以事业为基础。那么它是以什么为其运作机制呢？作为教育之构成的高校又是以什么为其运行机制呢？

就高等学校的组织属性而言，我们把它划归到非营利性组织之列。当然，不同的国家，高等学校所表现出来的组织属性也呈现出相当大的差异。例如至少在我国，高等学校在诸多方面表现出某些政府组织的特征，例如突出权力、与政府组织相类似的内部机构设置、对于政府管理部门的无条件地服从。因此，看上去属于非营利性组织的高等学校，在我国则呈现出政府组织的特征。在某种意义上，它也可以看作是政府组织的延伸与拓展。尽管这并不是根本性的，但是它对高校的组织与管理所能产生的影响，却也不能不为我们所注意。高校对于政府的从属性，不仅使得高校背离了其作为社会组织存在的核心价值追求；而且20世纪80年代以来高等教育改革引入市场机制的做法，也使得高校内部或多或少地渗透着市场机制，从而进一步导致对高校目标实现出现背离。

权力支配的运行机制，是以服从为原则的。在这种机制的作用下，所有的高校成员都会以爱权力为旨归，而不是以爱真理为旨归。原本以追求真理为唯一旨趣的高校，就会出现以追求权力为时尚的现象。此种情形已经出现于中国内地的各高校之中。学稍有所成者，即赋之以权力；而如果没有被赋之以权力，便会以调走为要挟。而一旦获得了一定的权力，则必定倾尽全力、用足权力，以使权力的效用最大化。市场支配的运行机制，是以利益追求为原则的。在这种机制的作用下，高校内部的一切资源都被利益化，并以一种严格的操作程序分配给高校的教职员工，导致高校对于利益的追逐。知识的传播与生产，成为追求利益的工具和手段，取代了知识本身的追求和对学生的培养。因此，高校教学管理机制的设计必须超越当前正在流行的引入竞争机制的理念。

高校作为具有行政色彩的非营利性组织，既具有非市场性组织的各种缺陷，特别是缺少一种非市场机制，同时也具有政府组织的各种缺陷。这些缺陷可概括为外在市场竞争与内在的计划安排之间的矛盾与冲突、以权力为基础的组织运作模式与以知识为基础的教学运作模式之间的矛盾与冲突。一方面各公立高校之间展开越来越激烈的办学资源的竞争，如师资竞争、生源竞争等；另一方面则是高校内部的计划性的管理模式。一方面，高校内部的权力成为群体角逐的对象，基于学术与科研的竞争，演变为基于权力基础的竞争；另一方面教学所要求的知识权威与人格魅力成为权力所赠予的光环与荣誉。如何建立一个有效的运行机制使其既不同于市场机制又不同于政府机制，它能够使得无论是在组织层面还是在组织内部个体层面，都促使提高自己的水平——管理水平、教学水平和科研水平，去追求更多的工作业绩；同时又能够有效防止组织或个体为追求自我利益而产生的各种策略行为，这也同样是高校教学管理的重要课题。

三、高校教学管理机制设计的理论基础

任何机制设计都必须首先明确所设计的机制要解决的问题。明确管理机制要解决的问题，是进行机制设计的前提。问题的类型不同、性质不同，要实现的管理目标不同，解决问题所需要的管理资源就不同，从而要采用的管理方式方法也就会不同，管理的运行机制也会有很大的差异。任何行动都是以一定的理论为先导的。即使是在一个前所未有的行动中，某种先于行动的理论图式也是存在的。高校教学管理机制设计同样需要一定的理论为基础。这些理论大体包括：信息不对称理论、委托－代理理论、博弈论和制度理性选择理论等。

（一）信息不对称理论与高校教学管理机制设计

任何组织的管理都会遇到一个困境，即管理者所拥有的信息与被管理者所拥有的信息不等量问题。倘若管理者拥有与被管理者等量的信息，则任何组织的管理都不需要进行机制设计，而只需要根据所掌握的信息加以适当奖惩就可以了。经济活动领域中的不对称信息，是通过市场机制加以解决的。政府组织的不对称信息，则是通过报告与巡察制度加以解决的。信息不对称问题，当然可以通过监控的手段来加以解决。但是监控本身存在一个成本的问题。这样一来，尽管监控可以提高管理者与被管理者双方信息的对称性，但是因为过高的成本而使得监控本身存在根本的缺陷。因此，就需要通过机制设计，使得管理中的信息不对称变成对组织目标的实现来说不太严重的妨碍。

高校教学管理中的信息不对称是设计教学管理机制的依据之一。非对称性信息的存在对管理与工作过程提出了机制设计的要求。信息不对称是相对于信息对称而言的。所谓对称的信息是指在一种相互对应的教学管理与被管理关系中，管

理者与被管理者都掌握对方所具备的信息度量，也即管理者与被管理者双方都了解对方所拥有的知识和所处的教学环境。信息对称可以分为三种情况。一是管理者与被管理者都没有掌握有关信息的全部信息环境，即双方都处于"无知"状态；二是管理者与被管理者都掌握度量一致或度量相似的信息的环境，即被管理者知道的，管理者也非常清楚；三是双方都拥有完全信息环境，即有关教学的所有情况，管理者与被管理者了解得一样清楚。然而，教学管理中的完全信息对称是管理中的理想状况。在通常的情况下，任何组织的管理者都难以实现管理的完全信息对称。那些看起来处于信息对称状态的管理情境，在许多情况下都是虚假的。例如，教师手中的教案，就它所呈现出来的内容来看，教师和教学管理者都似乎具有相同的信息量。但是，实际上关于这个教案的其他相关情况，如是新准备的教案，还是老教案的翻新，是其他教案或教科书的抄袭，还是教师的独立研究之结果，这些对于教学管理者来说往往是不清楚的。对于教师来说，还往往通过各种手段，有意掩盖那些真实的信息。因此，表现上的信息对称，往往掩盖了很多的信息，从而形成信息不对称。

高校教学管理中的信息不对称是一种事实的存在，也是在无论做出怎样努力的情况下都难以避免的。教学管理者即使处于教学的现场，也不一定与教师占有对等的信息。例如教学监督团的成员在教室后面听课。看起来被听课的所有信息都处于听课教师的掌握之中，但实际上，第一，任何处于现场之中的人，也只能掌握他选择性知觉所指向的信息，而不是信息的全部；第二，旁观者只能看到教师在课堂上所表现出来的那些信息，却无法了解那些未被表现出来的信息，如此时此刻授课老师内心对于听课老师的真实感受，以及有他人在场时所故意做出的表演。第三，听课老师只能了解授课教师整个课堂教学的一个片段，即五十分钟的教学，而以仅仅五十分钟的教学，又如何能够推断教师整体的课堂教学态度和教学水平呢？因此，教学监督团的随堂听课，充其量只能了解教师大致的教学水平、教学业务能力，而不可能了解教师的职业精神、职业态度和职业道德。这些不是一个短时段的观察所能够了解的。即使教学监督团通过观察发现某堂课的教学是高水平的或低水平的，那也不能说明这个教师所有的课堂教学都是高水平的或低水平的。

实际上，如果教学管理真正建立起教学的选择机制，将是否听哪个老师上课的权力真正地赋予学生，让学生通过自我选择而自然地淘汰那些不负责的、不称职的教师，较之委派那些已经退休的老教授进课堂进行教学监督，恐怕效果要好得多。知识在进化、社会在发展，不知道退休的老教授中还有多少通过自己的研究与学习，而保持与知识进步和社会进步同样的步伐。然而在有效的机制作用下，处于在职状态下的教师就必须通过不断的学习而保持与社会和知识进步同样的步伐。在这样的背景下，启用退休的老教授作为教学监督团成员进行教学监督，岂不就是凸现出教学中的专业信息不对称吗？

（二）委托－代理理论与高校教学管理机制设计

委托－代理理论主要是研究存在"信息非对称"情况下的激励与约束机制设计问题，其机制设计的最终目标是追求激励和风险分担的最优替代。委托－代理理论是以有限理性的社会人为其出发点。委托－代理理论认为，出于不同的原因，社会组织的管理者需要将若干性质不同的任务分派给组织内部的成员。这导致组织内部管理产生信息流动问题。组织内部信息流动的最基本特征是信息的分散性和目标不一致。有限理性人以追求个人利益的最大化为其行为目标。信息的分散性使得组织内部成员拥有私人信息。私人信息大致可以分为两类。第一类是委托人无法观察到代理人的行动，它引发出道德风险或隐匿行动问题；第二类是委托人无法获知代理人所拥有的关于成本或价值的私人信息，它引发出逆向选择或隐匿信息问题。为此，组织就要设计一个恰当的机制，以解决因信息非对称而带来的委托人实施帕累托最优问题，防止代理人在代理过程中采取策略行为。在委托－代理理论中，一般将拥有私人信息（有信息优势）的参与人称为代理人，不拥有私人信息（处于信息劣势）的参与人称为委托人，其研究的核心问题是"隐蔽行动道德风险模型"。在委托－代理理论下，委托人不能直接观察到代理人选择了何种行动（行为策略），只能观测到代理人的行动所产生的一些效果指标。因此委托人只能根据观测到的信息，选择对代理人的激励措施，以促使代理人朝着对自己有利的方向行动。

我们可以把学校举办者看作是委托人，而把学校的管理者和教师看作是代理人。实际上，这里面有多重代理关系。就政府作为举办者来说，政府是委托人，而学校的校长是代理人；然而校长不可能承担起全部的日常管理事务和教学事务，他需要进一步地把高校的各项工作委托给下一层级的管理者直至教师。这样对于高校的举办与管理来说，就存在着多重的机制设计问题。而就本书的主题来看，核心的代理关系是学校教学的管理者作为委托人与教师作为代理人之间的委托－代理关系。用比较不那么中听的话说，就是教学管理者必须设计出一套管理机制，来消除作为代理人的教师在教学过程中的道德风险，即教学过程中的各种违规行为。在学校管理激励中，如何防止管理过程和教学过程中存在的道德风险问题，是管理激励中必须要解决的问题。不仅教师在教学过程中有道德风险，而且管理者在管理工作中也有道德风险。话虽然难听，却也符合事实。实际上，存在违规风险的不仅仅是教师，而且也包括学校教学管理系统中各个管理层级的教学管理者。

一方面，作为委托人，在进行教学管理时，必须通过制度安排，使得教师参与教学工作作为自己的最优选择。高校教师有三大职责，即教学、科研和服务社会。一个具有激励性的教学管理机制，应当使得高校内部的绝大多数教师，把选择教学作为最优选择。当然，这里还牵涉学校的办学定位，以及如何处理好教学与科研的关系问题。良好的机制在于使得教师能够在教学科研与服务社会这三者之间进行适当的平衡和兼顾，而不是只选择某一个方面。倘若绝大多数教师都倾向于做出指向集中的单一选择，那么显然机制本身就可能有问题了。另一方面，必须使得教师在将教学作为较优选择的同时，还能够努力地或者以较多的精力投入教学工作。当大多数教师都不是以较多的精力投入教学时，那也同样表明机制本身存在着问题。然而许多教学管理者在面对教师工作积极性不高时，往往采取对教师素质进行抨击的策略，而不是去反思，教师的教学积极性不高其根本原因可能并不是因为教师的素质不高，而是管理者在进行管理时没有设计良好的管理机制。

（三）管理博弈理论与高校教学管理机制设计

现代组织管理理论中，机制问题是现代组织管理的核心问题之一。其机制设计的理论基础主要有两个，即博弈论和委托—代理理论。在对近些年来管理激励与约束机制设计方面的研究进行系统归纳与创新的基础上，以两个理论为基础发展出一种新的理论——管理博弈论。它是以博弈论、委托—代理理论为数学基础，以管理学理论为指导，以激励与约束理论为方法论，综合运用各种数学工具、管理手段与方法，进行管理激励与约束机制设计的理论。考虑到作为学校教学管理与企业管理在某些方面的共通性，同时，结合教学及管理的特殊性与其运行的内在规律，也将结合有关教育教学管理研究的最新研究成果，本书将综合运用以上理论，以此使它们共同成为高校教学管理机制设计的理论基础。

从教学管理的系统来看，教学管理者和被管理者是互为博弈方。换言之，一方的策略选择，是在充分地考虑其对方的可能性的策略选择之后而做出的。多次重复之后，双方会就以某些选择形成平衡关系。在平衡的关系之内，任何策略大致都能够为博弈双方所接受。而一旦超越了已经形成的平衡关系，那么就会出现新的博弈。例如，在通常的情况下，教学管理者对教师的批评，在适合的场合下是能够为教师所接受的，而一旦越出了这个范围，那么教学管理者的批评就有可能引发出管理者与被管理者之间的激烈冲突。而冲突本身也是策略选择，至少就被管理者来说，这种冲突的策略选择乃是较优的，或者至少比不冲突要优。因为理性的人都会预料到，如果没有某种冲突来表达对批评程度的期待，那么接踵而至的将是更多的批评与指责。对于管理者来说，如果被管理者以一种冲突的方式来对待批评，而这种策略选择如果没有某种消极的后果（即惩罚）的话，那么，他同样也将面临更多的冲突策略。为此，从管理的角度来看，管理者必须要找到一个指向冲突的较优策略，例如，让被管理者公共检讨，或者是被管理者基于某人在场的背景下的道歉。教学管理者与被管理者之间的相互指责是另一个有趣的现象。在高校日常的教学生活中，我们可以经常地见到教学管理者和被管理者（主要是教师）之间的相互指责。这种指责通常都是指向某种现实的不能令人满意的教学状况。例如，当高校为迎接本科教学评估而提出的各种要求不能被满足时，教学管理者便开始以各种不同的方式对存在问题的教师进行批评（当然批评主要是背后的），而教师也同样会以各种要求的不合理性和烦琐性来批评教学管理层面。从博弈论的角度来看，双方个体的选择都是理性的。对于教学管理者来说，这样的指责可以使他巧妙地转移管理责任；而对于教师来说，同样的指责也可以减轻心理上的负担和责任。指责所表明的，是这样一种对待事态的观点，即是他人造成了现有的事态。教学管理者对于被管理者（教师）的指责，从根本的原因上说，是因为他们忽略了教师乃是博弈的参与方。当高校的教学管理部门仅仅是通过下达文件的方式来进行教学管理时，他应该能够认识到被管理者（教师）可能采取的对待文件的态度和策略选择。高校教学管理的形式主义所带来的，就只能是教师努力地去做教学工作的表面文章。

从博弈论出发，教学管理的机制设计，就应当要考虑到作为博弈方的被管理者可能会采取的应对之策。理性的有限性意味着任何可能的制度安排，都不可能把被管理者所有可能的对策因素都考虑进去。它总存在着可被钻的空子。而一个理性的行动者往往正是通过发现制度本身可能存在的"空子"而使自己的收益最大化，同时使得组织的收益降低到一个可能小的程度。

（四）制度理性选择理论与高校教学管理机制设计

制度理性选择理论是美国著名的行政学家、政治经济学家奥斯特罗姆在系统理论的基础上，运用公共选择与制度分析理论和方法，在分析公共事务的自主治理问题时而提出的。在一个自发的状态下，个体的理性行为则意味着集体的非理性结果。

制度理性选择方法在教育研究中的运用可见之于美国教育学者查布等人的研究。无论是中小学还是在高等学校，所有的学校都在适应其所处的制度环境的过程中发展了自己的组织形式。这些组织形式又反映了它所适应的制度环境。不同的制度环境，尤其是不同的制度管理体系，总是先天地支持一定形式的组织结构而抑制其他组织形式的发展。而在个体的层面上，不同的制度以不同的方式影响（缩小或扩大）个人的选择，从而影响到教育的进程、发展，甚至直接影响到教育的成功与失败。所有的学校都深受其所处的制度环境的影响，学校以何种形式进行组织、运作是否成功，在很大程度上反映了其所处的制度背景。因此，要提高学校的教学质量和水平，就必须改变管理学校的规则体系。

在现实生活中，高校教师的各种与教学工作有关的行为都是在特定学校的环境下通过考察并权衡不同的行为策略的收益和成本及它们可能的结果而做出的选择。基于不同的教育价值观偏好、对收益和成本的不同认识以及行为环境中各种不确定的信息，教师做出某种教育行为决策。在进行效用最大化的行为决策中，高校管理制度则是最为重要的决策依据之一。概言之，高校教师的行为是在特定的制度激励的范围内做出的理性选择。高校管理制度之所以能够对教师的行为选择产生决定性作用，是因为这些制度本身具有激励性。就是说，高校管理制度不仅仅是有关个体行为的约束条件，更为重要的是，它们还对教职员工的各种行为选择提供某种激励。

制度对人们的行为具有如此巨大的影响，足以说明制度理性选择理论作为高校教学管理机制设计理论基础的必要性。高校教学管理的核心问题不仅仅是"什么是值得追求的"以及"应该如何实现所应追求目标"的问题，而更多的则是要思考"如何使某些人按照可能的方式去实现可控的目标"问题。在确定的教学理念和教学管理理念引导下，高校教学管理者只有进行制度创新，通过教学管理机制的重新设计，才能够使得教师以某种确定的行为方式比以另一种行为方式开展教学活动更能够实现具体的需要满足。

第四节　高校教学督导工作研究

教学督导首先是一种学术性活动，教育理论家巴尔在《教学督导：提高教学的原则及实践》中指出教学督导是一种专业性、技术性的服务，主要目的是研究教学和改进教学的条件。从这里可以看出，教学督导是一种学术研究活动，它研究"教学"和"改进教学的条件"。

教学督导又是一个为提高教学而进行的有组织的活动，其任务是提高教师的教学，选择组织教材，考察教学效果，提高在职教师水平以及对教师进行评价。教学督导是一种职业属性非常强的专业技术活动，它以"教学"为中心，以教师教学水平发展为重要目标。

目前，针对高校教学督导，国内教育理论界较为通行的定义是由郭学东在《建立科学的高校内部教学督导体系》一文中所提出的，"由教学督导组织及其成员根据教育的科学理论和国家的教育法规政策，运用科学的方法和手段，对教学工作进行监督、检查、评估和指导，以期提高教学效果和质量的过程"[①]。

我们可以这样认识教学督导工作，它是一种高校内部教师教学发展和教学质量监控的手段，它的主要目的是提升教学水平与教学质量，使高校的人才培养（包括教师培养和学生培养）不断进步，其中监控和保障教学质量是核心使命。

---

① 郭学东. 建立科学的高校内部教学督导体系 [N]. 中国教育报，2007-08-10.

教学督导和教育督导既有区别，又有联系。教育督导主要指行使督导职权的机构和人员，受本级政府或同级教育行政部门的委托，依据国家有关教育的方针、政策和法规，对下级人民政府的教育工作、下级教育行政部门和各级各类学校的工作进行监督、检查、评估和指导，以保证国家有关教育的方针、政策、法规的贯彻执行和教育目标的实现。教育督导是一种教育行政行为，也是一项教育管理工作。教学督导是一种特殊形式的教育督导，即学校内部的教育督导，可以拿企业的外部审计与内部审计类比。教学督导是学校教学督导专家受学校或相关教学培养单位委托，依照学校各项教育教学规定开展的对各教学培养单位、教师、学生及教学相关部门和个人进行的监督、检查、评估和指导，以保证学校各项教育教学规定的贯彻执行和教育目标的实现。狭义的教学督导聚焦于课堂教学评价，而广义的教学督导则不光有课堂教学评价，即"督教"，还有"督学"和"督管"，即督促和教学相关的所有关联因素的改善，包括学生、教学环境、管理制度等。因此，广义的教学督导是教育督导的组成部分。

一、高校教学督导工作的三大功能

（一）高校教学督导的研究功能

教学督导工作的一个重要功能是研究"教学"与"改进教学的条件"，这就说明教学督导工作不仅是一项教育教学的管理工作，也是一项研究工作。有一部分高校，教学督导工作开展遇到瓶颈或发展停滞不前，多半是因为研究工作开展不到位。开展教学督导研究工作既是督导工作本身的业务需要，也是督导工作向纵深发展的动力来源。研究"教学"具体研究什么？主要是研究教师、学生、教学过程、教学内容与教学效果以及影响教学的所有其他关联因素。教学督导开展教学研究既可以从问题出发，以解决督导过程中发现的实际教学问题；也可以具有前瞻性或预见性地开展一些试验试点，为学校改革创新提供参考与支持。只有足够重视教学督导工作的研究功能，才能增加"听课评课"等基础性督导工作的说服力与权威性，并且才能找到基础督导工作之外的持久的工作创新与增长点。

（二）高校教学督导的发展功能

教学督导的另一个重要功能是促进教师教学水平的提高，即发展功能。"督导"二字的含义"督"是督质量，"导"是导教学，即监督教育教学质量，引导与促进教师教学发展。

如果说早期的教学督导工作主要体现在"监督与检查"上，那么当前督导工作的主旋律就是"指导与帮助"。监督与检查，过于严肃威严，甚至让督导专家觉得为难，也让督导对象产生抵触反感情绪。而指导与帮助则更具亲和力。实际上现在不少督导专家都认为，"指导与帮助"不太准确，应该是引导、帮助与相互学习。教育方法与信息技术日新月异，很多新的教育设备、新的教育方法与教育手段和督导专家从教时代已经大不相同，而且现在的学生群体在信息与互联网时代出生与成长，很多情况下督导专家们可以从年轻教师们身上学到很多新知识，丰富自己的人生与教育教学经验。

因此，当下教学督导工作的主流是以"导"为主，以"督"为辅。高校教学督导工作的开展功能和高校教务或人事师资部门的教师教学发展功能紧密相连。督导专家传授传统教学技术与经验供年轻教师学习、参考，更重要的是把"学为人师、行为世范"的治学从教精神与对教育事业的热爱和奉献精神传递给新人，让教育事业薪火相传，生生不息。

（三）高校教学督导的质量监控功能

教学督导对高校教学质量的监控功能是督导工作的核心功能。督导专家课堂"听课评课"是教学督导工作最初的形态，现在也仍然是督导工作的重要方面，是监控高校教育教学质量的主要手段之一。随着督导工作的不断发展，质量监控功能也从"课堂听课评课"这一个中心点逐步发散到整个"教学"的面，包括课上课下、实习实践、论文毕设、考核考试等，质量监控工作既发展出横向的从学生入学到学生毕业的时间轴，又延伸出从本专科到硕士研究生再到博士研究生的纵向轴。现在教学督导工作的质量监控功能已经能覆盖到整个学校的有关教学的各个方面，是学校教学与人才培养质量保障的重要手段。

教学督导工作是高校教学与人才培养质量保障体系的重要组成部分，其基本任务是按照国家对高等教育教学与人才培养的有关规定，对学校各培养单位的教育教学与人才培养工作实行有效的监督、检查、评估、指导；检查学校各项教育教学与人才培养政策和规章制度的贯彻情况，为学校全面深化教育教学改革提出建设性的意见，保证学校教育教学与人才培养质量的全面提高。

"加强质量监控、保证教学秩序、推动教学与培养改革、促进教风学风建设、提高教学与人才培养质量"是教学督导工作的宗旨，"以导为主、以督为辅、督导结合、重在指导"是教学督导工作的方针，"检查督促、发现问题、总结经验、指导改进"是督导工作开展的基本思路，"植根校情、广纳经验、合理定位、科学运行"是高校教学督导工作的基本工作原则。

二、常规督导、专项督导与专题调研工作

教学督导专家的基本工作大致可以分为常规督导、专项督导与专题调研三大类。常规督导工作主要就是课堂听课评课、教学问题反馈等，这些属于质量监控工作领域；有的单位的督导专家还定期组织教学示范课、教学研讨等，这些属于教师教学发展领域。专项督导则主要是相对固定的教学环节督导，例如开学初的教学秩序专项督导、期中期末考试期间的考试考核专项督导、实习实践课程的专项督导、毕业答辩季的答辩与毕业专项督导以及涉及学位的论文质量专项督导等。专题调研这种形式的督导工作方式被部分大学重点采用，一方面在这些大学里，传统的听课评课、监督指导方式工作阻力较大，被督导对象抵触情绪也比较大；另一方面，采取专题调研的方式，能够更深入集中地把一类或者一个问题调查清楚，从而解决起来更有针对性，而且专题调研能发挥督导专家的学术研究优势，部分问题的调研报告调查数据扎实、学术理论水平高，有很高的学术价值与应用价值，权威性与说服力强。专题调研方式的督导工作将在高校教学督导工作中占据日益重要的位置，相信会在越来越多的大学特别是高水平研究型大学的教学督导工作中发挥更广泛和积极的作用。

（一）常规督导工作

常规督导工作主要是课堂教学评价，强调教师教学发展的教学督导工作还包括教学示范课和教学研讨研究。开展常规督导工作需要注意以下几个要点：

（1）教学示范课可以与教学研讨紧密结合，这样能够及时总结经验教训，强化示范效果；同时示范课程应以公共必修课或专业基础课为主，这样示范作用明显，受益面大。

（2）参加示范课与教学研讨会的人员除教学督导专家外，最好还要包括学校主管领导、学校教学职能部门领导及工作人员、学部学院主管教学领导以及教师代表，特别是青年教师群体。这样能够扩大示范课影响力，并且通过示范课后的教学研讨及时研究讨论和解决教学过程中的各种问题。

（3）教学研讨会的发言交流应是鼓励为主、建议或意见为辅，这样能让示范课教师更加虚心接受和改进课程教学。相同或相近专业的专家评价时不妨侧重专业内容，而跨领域专家不妨侧重教学技术与教学经验交流。

（4）教学示范课除了听取专家学者的评价之外，也应征求课程学生的意见和建议，从学生角度了解课程整体教学效果。课堂教学首先是教与学的问题，然后才是教师教学发展的问题。

（5）对教学示范课与教学研讨会的情况记录应及时整理归档，方便课后回顾以及之后开展进一步的教学研究工作。

（二）专项督导工作

专项督导工作主要是集中力量进行主题性的监督和检查特定的与教学相关的重要过程和环节，以深入了解相关过程和环节的真实情况。

1. 试卷专项检查

试卷专项检查是教学督导常见的专项督导工作之一，可以包括考试前的命题专项检查和考试后的试卷评判专项检查及试卷管理归档检查等。学校进行考试后的检查，需要注意以下几个要点。

（1）试卷检查工作必须依据教学部门相关管理规定，并有相应的检查明细表，方便被检查单位平时参照，规范地开展试卷相关工作。

（2）试卷检查工作中，应明确具体问题和隐患，避免谈问题"虚、浮、大"，这样方便被检查单位事后及时有效改进。

（3）在专项工作报告中，指出问题的同时应该提出解决问题的方法建议，并且建议应该目标明确，属于教学管理部门的问题应明确要求教务处或者研究生院改进，属于二级教学单位的问题应明确要求二级单位改进，属于教师个人的问题则应明确要求教师个人改进。

（4）专项工作报告应该公开披露，并呈报相关主管领导及相关部门。

2. 课堂教学专项巡视

课堂教学专项巡视是学校教学督导工作的一项创新尝试，是将教学的"督教"和学风的"督学"紧密结合的重要改革之一。这项工作让学校首次定性又定量地掌握了日常教学运行秩序情况。开展这项工作需要注意以下几项内容：

（1）教学巡视专项工作的数据务求精确。数据说服力最强，有关学生迟到、教师早退的情况屡见不鲜，但是翔实的数据远比泛泛的定性说明要有说服力得多。

（2）此项专项检查工作也应明确具体问题和不足，应直截了当地指明问题并落实到具体单位和个人，例如教师早退可以具体到是哪天哪个教室的哪位教师，方便被检查单位和个人及时有效改正。

（3）在专项工作报告中，指出问题的同时也应该提出解决问题的方法建议，教风和学风问题离不开人事部门和学生工作部门的共同参与，所以应及时和相关部门沟通，采取让各方都易于接受的有效方法。

3. 毕业论文与设计专项检查

毕业论文与设计专项检查是高校教学督导工作的一项重要工作，日常的课堂听课与培养环节督导都是着眼于"过程"，而对毕业论文和设计进行检查则能从"结果"全面了解真实的教学与培养质量，学位论文抽查也是国家教育行政部门检查高校教学质量的一个重要手段。开展这项工作有以下几条经验和注意事项：

（1）规范性检查是基础，即毕业环节程序正确，格式规范，体例达标，材料齐全是这项工作的基础，如果连这些要求都达不到就是不符合基本要求，必须改正。这是"规范性"层次的督导，也是毕业论文与设计专项督导工作的最基本工作要求。

（2）学术水平评价是主体。对毕业论文与设计作品的学术水平评价才是此项专项检查工作的主体和重点，因为我们正是要通过这一培养的最终成果来回测过程的质量。而且教学督导专家大都具有较强的学术话语权，能对论文与作品的学术水平给予比较权威的学术认定。学术评价也能凸显高校教学督导专家的专业水准，能增强督导专家的职业荣誉感，激发督导工作积极性。

（3）提出的问题与不足以及相关改进建议应该侧重于规范性层面，因为对于学术水平的评价一来容易引起争议，二来问题难以深入或者说难以直接促进改正，三来学术水平评价牵涉的方方面面比较多，问题或者建议难以落到实处。但是督导专家的学术评定结果应该整理成工作报告呈报给主管领导，让学校管理层从督导专家的角度掌握学校教学与人才培养的真实状况，这也是督导专家发挥决策咨询功能的重要方式。

（4）毕业论文与设计专项检查工作容易忽视教学管理部门的缺点与不足，事实上规范性问题往往出在管理环节，因此需与教务处和研究生教学管理部门合作开展此项工作。

4.考试专项督导巡视

考试专项督导巡视工作是学校教学督导工作的学期末或者重大国家考试期间的一项例行专项督导工作，目的是监督考务部门组织考试能合格达标，同时检查教学培养单位考试组织及命题相关工作的规范性。开展这项工作有以下几个要点和注意事项：

（1）监督、检查考务管理与考试组织的管理工作是关键，考试期间的巡视与试卷抽查是主要工作手段，一般督导巡考主要发现的问题基本都是考务管理工作与考试组织工作的问题，涉及考风、学风的甚少。

（2）试卷抽查主要是检查命题的规范性，例如格式、错别字、分值统计等；对于试卷的内容，一般不做过多评价，避免引起工作争议。

（3）考试环境与后勤保障也是督导专项巡考工作的一个方面。

（4）考试结束后，应尽可能与教学单位及教务考务部门召开工作总结会，及时解决相关规范性问题，避免提出的问题反复出现。

（三）专题调研工作

督导专题调研既可以研究宏观而长远的教学发展战略，也可以研究具体而务实的教学微观问题。下面将结合开展的真实教学督导调研报告来详细分析。

关于本科生学业指导意义与价值的专题调研

"以学生发展为中心"的本科教育质量观是当前中国高等教育界的主要潮流，强调从"学"的角度评价高等教育质量，以学生在大学四年的成长和发展的"增值"评价高校的教育质量和学生服务质量。尽管现实中仍然是科学研究和经费合谋下的功利主义价值观在大学行动中占据着主导位置，但大众高等教育的发展和普及，会推动甚至加剧高等教育系统的分化。可以预期的是分化过程中，高等学校之间的竞争很大一部分将会落到学生身上，大学在高等教育系统中的位置将在很大程度上取决于它所培养的学生在社会的位置。一句话，高校的人才培养质量将会成为其核心竞争力的重要来源。

大学生在相当多的人的眼中，还仅仅是作为被教育的对象，因此尽管当前高校在课程、教学、教师等方面下了很多功夫，但就是很少去研究学生和了解学生。即使偶尔关注学生，也难免认为学生事务是琐碎的、繁杂的事务，其研究角度是微观的研究领域，因而看不到大学生与学校人才培养的各项行动和制度安排之间的系统性和互动关系，从而忽略了从大学生的在校学习经验的视角进行行动规划和制度设计。高校提高人才培养质量，可以有很多的思路和办法，例如抓好教师及其教学质量、搞好课程建设，做好学习制度和资源的顶层设计。所有这些，都不可忽视。但所有这些层面的努力如果只是单向地而不是互动的和系统的，如果学生不知道学校的制度和资源的安排、不知道或者只是被动地参与到学校的教育教学活动甚至在学生有学习上的困惑和问题时不知道从哪里去寻求支持和帮助，那么，无论学校的制度设计、教师质量、教学质量和课程建设有多完美，它们的效果有多大却是不得而知的。其实，很多学生直到大学快要毕业时才明白大学的学习是怎么回事，到大学毕业那一天回顾自己大学生活时会感叹如果重新来一遍大学生活，他们绝不会像他当初那样过大学生活。许多实践和研究都表明：高质量的学业指导对学生发展和学生成功起到关键作用。由此看来，探索如何开展学生学业指导，能够将学校的教育质量行动与学生的学习行动连接起来，实现"1+1>2"的效果，对学校的发展具有重要意义。

三、学风建设督导

（一）学风建设督导："督学"工作的纳入

教学督导，顾名思义，不光要"督教"，也应该"督学"。

近些年来，无论是国内，还是国外，教学督导工作都与教师教学发展工作紧密结合，尤其重视教师教学水平的提高与教师个人职业发展。我们的督导工作中对教师的评价比较重视，评价体系相对完善，考核指标也具体细致，甚至可以说，目前的教学督导工作是以教师教学评价为中心的。

然而，教学活动是一个复杂的系统活动，很显然不应该只有"教"这一端，还应关注"学"这一端。当我们以信息传播理论中的拉斯韦尔5W模式的角度来观察教学活动时，我们会发现，"学"是至关重要的一个因素，而且，所有教学活动的效果最终都体现在学生身上。这也就为我们开展"督学"工作提供了理论基础。

那么接下来我们就需要思考"督学"督什么、谁来督、怎么督的问题。

"督学"督什么？学生的学习活动既有学生个人主观能动性的方面，也有外界客观因素影响的方面。作为督导工作中一部分的"督学"工作，主要是创造有利条件强化学风建设、改善学习环境。具体来说，在课堂教学环节强化出勤考核和课堂纪律，在学业评价环节强调学业成绩的多指标综合衡量，在学习环境与学习条件方面，协调各部门为学生学习提供后勤保障等。一所学校的"学风"既体现一个纵向维度的历史积淀，又展现一个横向维度的当代特点。一所"严谨、扎实、积极向学"的大学和一所"浮躁、功利、一心功名"的大学显然是两种截然不同的状态。督导工作虽然不能改变历史，也不能消除当代影响，但是通过在学校内部倡导学校教书育人的责任与学生好好学习的义务，也能多少消除负面影响，引领优良学风的形成。

"谁来督"的问题。很显然，教学督导专家必然是重要的督学工作执行人，然而，更重要的是要把学校学生工作人员也纳入督学工作队伍中来。制度设计层面，学校层级的教学督导组织除了应包含主管教学工作的校领导之外，还应该包括主管学生工作的党委副书记；二级督导组织则除了包含负责教学工作的领导与工作人员外，还应有分党委副书记、辅导员等学生工作负责人。学风建设是一个牵涉方面广泛的综合问题，也只有学生工作系统能够比较深入、全面地接触学生的学习、生活等诸多方面，因而，学风建设工作应该是督导专家参与，学生工作系统全程加入的系统性工作。

"怎么督"是一个方式方法的操作层面问题。最理想的督学与学风建设模式是结合学生思想政治工作、身心健康关怀工作等同步开展，宏观层面通过结合各类学生工作，创造校内的一个良好学风大环境，微观层面则是根据学生个人特点，因人而异，激发学生积极向上的学习动力，引导学生进入良好的学习状态。

（二）"督学"工作的微观与宏观层次

学生学业水平进步与人才培养质量提高是教学督导工作成果的主要体现形式之一。督学工作因而可以划分为微观与宏观两个层次。微观层面讲，学生学业水平进步包含具体课程成绩、论文质量总体水平提高等。而宏观方面，则主要是指人才培养质量，包括学生社会适应程度、全面素质发展程度乃至生活满意与幸福感知等，其实就是通过校园生活促进学生人生成功的层面。教育让学生掌握知识、学习技能，更重要的是帮助学生直接或间接体验各种人生经历，最终获得自己满意的人生。因而，督学工作的微观层面就是前者"监督学习"的层面，而宏观层面则是后者"引导人生"的层面。督学工作这两大层面的功能发挥都离不开教学部门与学生工作部门的参与，更准确地讲，督导专家在督学工作上是处于相对辅助和支持的位置的。

第五节　高校教学管理质量提升

一、高校教学管理规范化

（一）教学计划执行规范

教学计划是组织与管理教学的基本指导文件，是一切教学工作开展的纲领，在教学过程中，为了确保常规管理规范有序，充分发挥教学管理的监控职能，建立规范化的操作程序，必须以教学计划为纲，规范有序地运行教学工作。

在所有教学计划中，教案是与具体的教学活动开展最为紧密的教学计划与文件，教师应根据学校有关规定，科学编制教案并结合教学实践实施教案，具体应做好以下具体工作。

1. 教学准备工作

在学期初，各学校、学院以及各学科的教师应根据教学执行计划下达教学任务的同时落实教学准备工作。

各学院教学管理部门应责成各基层学术组织负责人及时组织落实本单位的教学任务，具体工作内容如下。

（1）组织课程主讲教师按照《学校校历》《教学大纲》及《教学任务书》的要求，填写《课程的教学日历》，并向学院教学管理部门提交电子版文档。

（2）教学管理人员对教学准备工作进行分类、汇总、整理，并依据教学准备计划检查、验收整个学期的教学任务。

（3）教学管理者应对教师的教学准备工作中不规范的课程提出整改意见，限期整改，达到规范要求后才能授课。

教师应在课前按教学准备工作规范认真准备课程教案，以便更加有针对性、有计划性地开展教学活动。一份完整的教案应包括以下基本内容。

（1）所授课程的性质和要求。

（2）学习该课程的目的和任务。

（3）课程的主要内容及学时分配。

（4）学习该课程的重点、难点。

（5）学习方法。

（6）主要参考书。

（7）该课程国内外最新发展动态及成果。

（8）习题、作业布置准备量。

（9）答疑辅导计划。

（10）实验准备计划。

（11）实践性教学环节计划。

（12）考核办法等。

2. 教学检查工作

教学活动是一个动态的活动，在教学过程中可能受各种因素影响而出现各种与教学计划不符的变动，教学工作完成后，要及时对教学运行进行检查，为以后的教学提供经验参考。

对于教师来说，教师应如实记载教学活动信息，整理检查情况，以周为单位，及时准确分析检查结果，适时地将教学运行中的意见、建议反映到教学管理部门，教学管理部门根据信息员反映的结果及时进行处理。

对于教学管理部门来说，要重视审查教师的教学工作，对于教学质量不好的课堂，应组织教学督导人员随机听课，提出可行性意见，帮助提高课堂质量；定期组织召开学生座谈会，听取学生对教学的意见，开展学生评教、教师互评和教师评学活动，及时发现教学过程中执行任务的偏差及实施过程中出现的问题，迅速做出调整，规范教学活动。

（二）规范化教学管理工作流程

建立规范化的教学管理工作流程，有助于在教学工作中有针对性地、高效地利用各种教学资源，合理安排教学时间、教学活动，使整个教学更加科学、合理、规范、高效。

表 2-5-1 给出了高校教学管理部门的具体教学组织工作进程，从学生入学开始就做好学生培养计划的管理工作，并根据学校人才培养计划，重视提高高校教学管理水平，有序推进各项教学工作，以培养优秀的现代人才。

表 2-5-1　某大学教学管理部门课业组织工作进程时间序列

序号	工作进程内容	始止周
1	组织基层学术组织（研究所、系）制订新培养计划	适时
2	整理课程数据库，录入新增的课程信息，经教务处审核后形成规范的课程信息	适时
3	打印下学期计划，下发到基层学术组织（研究所、系）	3 周
4	组织基层学术组织（研究所、系）核实、调整、落实本学期各专业的学期计划及教学环节	4~5 周
5	在综合教务管理系统中，修正、确定各年级学期计划及教学环节	6 周
6	打印下学期计划，经学院审批交至教务处	7 周
7	组织各基层学术组织（研究所、系）落实教学任务，在综合教务管理系统中录入教学任务	8~9 周
8	通知任课教师核查课表初稿（通知到每一位任课教师），收集核查意见并及时反馈到教务处	15 周
9	通知任课教师、学生上网查阅正式课表	18 周
10	组织学生网上选课	19 周

二、高校课程考试改革

（一）高校课程考试中的突出问题

1.对考试改革认识不到位

对于当前我国高校考试的目的认识来看，大多数教学工作者都能认识到考试的鉴别功能。考试可以评估、鉴别学生的知识和能力是否达到规定的水平和标准，但目前没有正确运用定性与定量的科学方法，不了解如何用量化形式来表示学生的基本素质，没有科学分析形成考试结果的内在因素，使考试行为缺少了鉴别的功能，偏离教育考试的目的。而且，很多教学工作者对考试鉴别功能的认识仅仅局限在针对学生的学习鉴别方面，并没有对考试、对教师的教学、对整个学校的学科教学中一些问题的反映进行深度的思考。

在考试改革方面，当前，包括教育教学工作者的很多人认为，在高校课程考试中出现的各种问题的应对与解决是学校教务管理部门的事，基于这种认识，高校广大教师和教学管理人员对学校考试的问题研究较少，也缺少相应的反馈，致使考试体制、模式、组织中存在的很多问题一直被搁置。

2.对考试目的认识不全面

在高校教学管理中，课程考试是非常重要的一个重要环节，考试具有评定功能、区分功能、预测功能、诊断功能、教学反馈功能和激励导向功能等多元功能，这些功能在实际的教学管理中，有很多被忽视掉了。

在当前的学校考试管理实践中，高校管理者更多的是关注课程考试的评定功能和教学反馈功能，而很少考虑甚至不考虑考试的其他重要功能，具体表现在以下几方面。

第一，考试看重分值判断，分值又经常与奖学金评定、评优、入党、保研、授予学位及就业等捆绑，考试成为获得某利益的工具。

第二，把考试分数作为硬指标，忽视学生的思想道德素质、身体和心理素质、科学思维和创新能力等的发展审视，导致很多学生"高分低能"。

第三，重视学期末一次性评价，一纸试卷定成败，教师为考试而教、学生为考试而学，过分夸大了考试的评价功能。

第四，很多教师只是统计分数、登记成绩、计算及格率和平均分，缺乏对学生的指数、技能进行系统分析及全面评价，学生只得到一个分数，不知道哪些方面还需要提高。

3. 考试的形式与内容单一

当前，我国高校的大多数学科的考试多采取理论答卷考试的形式，考试活动单一化，只是在课程结束时采用单一的期末考试即"一锤定音"的考核方式，缺乏对学生平时成绩的综合积累。

一些学科与课程的闭卷考试不重视实践技能考核，不能全面考查学生分析问题和解决问题的能力。此外，对学生的成绩评定主要依靠卷面分数，而不是综合地考虑学生整个学习过程的情况，单一化的考试制约了学生的个性发展、能力提高，不利于学生的全面进步。

此外，在我国高校课程教学中还存在一个严重的问题，就是考试内容片面，考试命题陈旧。在卷面问题设计上，命题形式和题型设计始终跳不出传统的考试模式，如填空、判断、选择、解释、问答、叙述、分析论述等。实际上，针对不同学科、不同专业、不同课程，考试的形式也必然会有所不同，即使都采取卷面考试，在命题形式和题型设计、答题要求上也会有所区别，而不是一张卷面稍加变化就能应付所有专业的所有课程考试。

4. 学生考试作弊屡禁不止

高校考试的"唯分数论英雄"，使得很多大学生为了争取考试及格，争取入党、评优、评奖学金、保研、就业等的名额，不惜铤而走险去作弊，不仅平时学习不努力、成绩差的学生想作弊，就连平时学习成绩优良、各方面表现不错的学生也想作弊，这就破坏了教学公平。

5. 补考、缓考管理不严格

在高校补考管理中，存在考试标准降低、考试给人情分的现象。大学生正常考试未通过，缴纳一定补考费用即可补考，补考的考试难度与标准相较于正常的考试有所降低，评分也不如正常考试严格，给人情分，随意现象较多，几乎人人补考都能通过。因此，导致很多学生不再害怕考试不及格，不及格后进行补考就更容易通过，学生学习态度不认真、不严肃。

（二）高校课程考试改革的基本策略

1. 转变考试改革理念

当前，高校重视培养多方面发展的全面性人才，从考试改革的角度来促进人才培养，只有重视和加强学生内在素质和创新能力的培养，坚持以人为本的考试理念，才能培养出国家所需的专门人才。

考试的诸多功能是其他教学环节不可替代的，这就决定了它在人才培养过程中的作用与地位。高校作为人才的重要培养基地，在培养人才的过程中一定要充分利用好考试这一教学管理环节。

考试改革不仅是形式上的改革，更重要的是观念上的改革。要充分发挥考试的多元功能，高校应做到以下几点：

（1）树立科学的考试观，正确认识各类考试的性质，选择理想的考试模式和方法，全面发挥考试的各项功能。

（2）要通过宣传和教育营造良好的创新教育氛围，使大学的每位教育工作者牢固树立创新教育的思想和观念，站在培养高素质人才的高度来认识考试改革的重要意义。

（3）要以严谨认真的态度对待考试，把考试改革作为一个系统工程，重视学生全面素质的培养与提高。

（4）在推进考试改革的过程中，努力实现教育创新，促进学生综合素质和创新能力的提高。

（5）从创新教育的要求出发，树立全新的考试管理理念，以现代考试理论支撑教育考试工作。

2. 丰富与创新考试内容

考试内容应让学生积极应对考试，而不是抗拒考试，考试内容应能调动学生的自主学习热情和探索创新的兴趣，因此，必须结合学科、专业与课程特点丰富与创新教学内容，具体要求如下：

（1）考试的内容、题型与答案要体现发散性、求异性、创新性。

（2）考试的内容要尽量具有挑战性、竞争性。

（3）课程考试命题必须根据教学大纲在分量、覆盖度、难度、区分度等方面提出要求，确保考试的高效度和可信度。

（4）注重学生能力的考查，试题不应是课程教学内容的简单重复，应做到强调基础、拓宽领域，重在运用、贵在创新。

（5）试题内容应有学生可选择的余地，以保证学生能充分地发挥自己的潜力和智能。

（6）设计科学而合理的考试，通过考试引导学生积极努力。

对于教学管理者来说，应该认识到课程考试的目的，即直接目的是提高教育教学质量服务，间接目的是培养学生的应试和应变能力，终极目的是全面提高学生的素质。要努力建立与创新人才培养相适应的考试模式，建立培养全面发展的人才为最高目标的科学考试体系。

3. 选择优化考试方式

正如前面所提到的，考试作为一种对教与学效果的评价手段，应尽可能体现其全面、客观、准确的特点。不同的考试方式可考查学生的不同素质，教师应结合课程特点，综合运用多种考试方式，最全面地反映学生的素质水平。具体要求如下：

（1）改变过于注重期末的闭卷考试传统，加强平时考核，使成绩构成多元化，建立科学的成绩评价体系和方式。

（2）从深入、切实考查学生的知识、能力、素质出发，选择合理的、科学的、多样化的考试方式，与闭卷考、开卷考、笔试、成果展示考试、口试、撰写小论文或案例分析报告、实验现场考核等相结合。

（3）在现有终结性考核的基础上，将形成性考核与终结性考核相结合，从多个方面、分若干阶段对学生进行考核。

（4）在改革考试管理模式的基础上，加强考试内容、考试方式的改革，针对各专业特点丰富考试形式，如"一页小抄进考场"，做"小抄"的纸是考试前一周统一发放的，还要加盖公章，纸上内容只能手写，考试结束后与试卷一起收回，作为平时成绩的一部分。

4. 营造和谐考试环境

信任是人才发挥作用、激发创新能力的重要条件，实践证明，只有学校管理者、教师和学生在行为领域、情感领域和认知领域之间达成一致，保持一种和谐的关系，才能最大限度地发挥管理的教育作用。

营造和谐考试环境是优化考试、促进考试公平的重要基础，具体应做到以下几点：

（1）高校课程考试管理应树立"尊重人、关心人、培养人、激励人"的以学生为本的观念。

（2）科学规划，统筹协调，尊重个体差异，突出个性，发挥不同人群的优势。

（3）倡导生动、活泼、民主、团结的学术氛围。

（4）鼓励创新与探索，减少人才创新、探索的后顾之忧。

三、高校教学管理激励

（一）高校教学管理激励的基本原则

激励其实质就是一种引导，促使人们自觉主动地完成工作任务。从一般的意义讲，高校教学管理激励就是激发教职员工从事教学工作的主动性、积极性，引导他们努力完成教学任务，提高教学质量。高校教学工作涉及做什么和如何做两个问题，因此通过对一般意义上的教学激励分析可知，对于教职员工的激励涉及两个方面的问题：一是教师在学校中选择怎样的工作即做什么的问题，是选择教学作为自己的主业还是选择科研作为自己的主业，或者二者兼而有之。从教学管理激励的角度来看，管理者当然是希望所有的教师都能够努力从事教学工作，而不仅仅是科研工作。二是教师在工作过程中，是选择积极的工作方式还是选择消极的工作方式。积极的从事教学工作是教学管理者的期望，亦是完成教学任务实现教学目标的首要条件。前者涉及教学激励的约束原则，后者涉及教学激励的相容原则。

1. 教学激励的约束原则

所谓教学激励的约束原则是指，如果个体可以对 A 和 B 两项工作进行选择，且管理者期望个体从事 A 项工作，则激励约束原则要求个体从事 A 项工作所获得的收益大于或至少不低于从事 B 项工作所获得的收益。以高校教学管理为例，遵循激励约束原则意味着，要使得教职员工参与到教学工作中来，就必须让那些从事教学的教师之所得至少不能低于那些擅长于科研且有成果的教师之所得。如果从事教学所得少于从事其他工作之所得，那么教师就会在可能性的情况下，转而逃避教学工作而从事其他工作。这种情形已经发生在许多研究型的高校中。当教育部规定教授必须要上基础课或者必须要给本科生上课时，它所针对的学校绝不是那些教学型高校，而是综合性的研究型高校。在这些研究型高校中，由于研究课题的相对易得以及课题可能给教师带来更加丰厚的报酬，使得许多教授特别是著名教授弃教学而专营课题。为此，一些高校所确定的分配制度，将教学与科研综合在一起进行计算，是有道理的，或者至少这类制度满足教学激励的约束原则。而在一些教学型高校，情况则可能不是这样。科研课题的不易申请，使得工资之外的报酬所得只有来自教学的奖励，因而教学性高校往往并不存在教授不给本科生上课的现象。

高校教学管理激励之所以要遵循激励约束原则，主要有三个方面的理由。

第一，参与教学是高校教师的基本职责和任务。从高校所赋予教师的任务与职责来看，高校教师肩负着三大基本任务，即传递知识、应用知识和生产知识。传递知识即教学，应用知识即服务社会，生产知识即科研。不同类型的高校，教师所承担的三大任务有些差异。但总体上说教学是高校教师的基本职责之一。

第二，教学工作的风险性及可能的低收益。教学并非一项简单的工作，它涉及多方面的因素，因而是一项复杂的精神劳动。教学劳动因其规范的要求，学生学习所表现出来的差异以及教学劳动所必须面对的及时的评论，使得选择教学作为主业，面临着诸多的风险。这种风险来自高校教学的复杂性，并使得教师的教学劳动可能付出很多而所得甚少。主要表现为以下两个方面：一是教师所拥有的知识本身问题。传递知识的前提是教师拥有一定的有价值的知识。"有价值"本身即相当复杂。通常判断的因素有三，社会与经济发展的需要、科学研究的进展与发展、学生的兴趣与个性特征。然而这三个因素都不是固定不变的，而是随着社会、科技及受教育者需求的变化而变化。这种变化意味着衡量知识价值的标准在不断地发展变化。由此决定了教师所拥有的知识存量及其结果也需要因时而变。而这种教师所拥有的知识的存量与结构的改变，需要教师付出极大的努力（包括时间、精力、经济资源等）去搜寻。这个问题涉及教师的知识更新问题。二是即使假定教师所拥有的知识是有价值的，也有一个如何将这种有价值的知识高效便捷地传递给学生的问题。它涉及教学手段的使用、教学方法的考虑、教学内容的安排、教学组织形式的选定、考试考查的变革，也涉及在教学中如何做到理论联系实际，在传授知识的同时培养学生的能力等问题。以理论联系实际为例，在教学中贯彻理论联系实际原则，也不是没有条件的（恰恰是这些条件在高等教育学中没有为人们所关注，而是以某种假设的前提而被忽略），其条件是教师对"实际"的熟知，不仅了解理论所指向领域的社会生活实际，而且还要了解学生的生活实际。这种了解本质上还是一个对相关信息的掌握。它需要教师付出大量的时间和精神去搜寻。没有相应的激励措施与制度安排，教师通常是不会去花费巨大成本去搜寻这方面的信息的。当然高校目前存在的学生普遍对课堂教学的不满，不仅与教师所讲授的知识本身陈旧、知识信息容量不大有关，而且也与教师的课堂教学艺术欠佳有关。

第三，教师从事教学工作并能够取得较好的教学效果需要付出高昂的成本。教师在传递知识过程中，由于知识本身内在的复杂性，而需要教师不断地投入一定的时间和精力去搜寻新的有价值的知识。这一过程是教师在教学工作"量"中无法予以精确计算的。一名教师是否能够投入足够的成本搜寻新的知识，一是取决于教师的职业道德和事业心以及对教学工作的态度，也就是取决于他的内在自律，另一方面也取决于学校在教学激励中的内容导向。而后者更具有决定性意义。实际上，高校课堂教学效果的不佳与教学激励的内容导向不当有着密切的联系。教学激励的内容导向往往并不出现在为人们所关注的制度领域，例如有关在基础课及专业基础课程的教学中实行教考分离的规定。由于对不同学科、不同专业不加区分地统一要求，致使某些学科的基础课程教考分离，导致教学内容的僵死与落后于实践和科学技术的发展水平。理论研究对现实的相对滞后性、教材编写对理论研究的相对滞后性，使教师在课堂上讲授的内容，如果不加充实与补充，将大大落后于学科发展和社会发展。因此这类规定是以对保守性的倾斜政策来诱导人们去追求保守与维持现状，而并非对创造性行为的奖励来实现对创造性的追求。在此条件下，因学科不断分化而带来的对学科知识的整合以及在教学过程中不断充实新的研究成果的教学行为难以显现，这是不足为怪的。

教学激励的内容导向，需要高校教学管理者在注意教学工作"量"的同时，把注意力投向"量"之基础的且与内容有关的以及教师据以课堂教学的讲义、教案、资料索引、参考文献、卡片等方面。它们是教师知识存贮及搜寻的表征，是物质载体，是教师一段时间内劳动投入的凝固与物化。据此，教学管理者将可以确立对于其教学管理具有重要意义的两个方面的情况，一是教师在进行课堂教学之前所做的准备工作，二是了解教师在进行课堂时的创新情况。当这些对课堂教学具有重要意义的教师劳动的物化载体没有被教学管理者给予足够的注意时，教学激励便越来越具有形式上的价值（即教学管理者常言的教学秩序稳定正常），而不具有实质上的意义。

当然，遵循激励约束原则也带来一些问题。例如，当所有的激励都与教学联系在一起的时候，教学就会成为那些不擅长于教学的教师的一个沉重的负担。同时让擅长于科研的教师勉为其难去给本科生上课时，也给本科教学质量的提高带来一些消极的影响。实际上一些教师擅长于科研而未必擅长于教学。让这些教师从事教学工作，既有损于科研，也有损于教学。也许高校教学激励应当按照"人尽其才、物尽其用"的原则来进行。从道理上讲，这样的思想是没有什么问题的，但一旦实际操作起来，许多问题就会立即显现出来。此外，对高校教学管理者的不当激励导致许多管理上的问题。一些教学管理者动用公用资源为自己牟取不当利益，是一种十分常见的现象，如用办公室电话打私人电话、公款请客、利用职权谋私等。而最大的危害则在于形成官僚化的学术氛围，引导教师去钻营与学术及教学无关的事务。

2. 教学激励的相容原则

教学激励的相容原则是指，那些积极从事教学工作的老师要较那些不积极从事教学工作的老师有更多的所得。这个原则也许会得到一些人的反对。因为一个人教学工作积极，未必就能够产生良好的教学效果，有着较高的教学质量；反之，一些教学不太积极的老师，可能有着很好的教学效果和较高的教学质量。这样的质疑其实涉及管理激励的一个重要问题，即基于什么而对教师进行激励，是基于教学结果来激励还是基于教学过程来激励？概言之，在高校教学管理激励实践中，对于教学激励存在不同的标准：一种是过程标准，即考察个人的努力度；另一种是结果标准，即考察其效果度。现在的问题是，单看结果显然是有问题的，因为教学的效果本身不好评判，且教学效果的好坏高低，取决于许多因素，无法能够精确地加以衡量。不同学科的教学之间也可能会存在很大的差异。因此，从管理学的角度来看，高校教学管理的重点应当是教师的教学过程。而其中的关键是教师的教学积极性。有着很高积极性的教师，通常会是一个认真的教师。

3. 教学激励的中的竞争与合作

教学激烈的竞争与合作涉及教学共同体内个体与个体之间的关系，即以何种工作方式来实现作为个体的教师和作为群体的教师在完成教学任务中的作用。教育是一项群体性的事业。它需要教师个体的努力工作，更需要教师群体的合作与协作。作为合作的个体性教学活动，教学管理激励需要营造一种竞争的气氛，使每一个教师都能够成为激励其他教师的资源与手段；作为个体的合作性教学活动，教学管理激励又需要个体之间的协作与合作。因此，高校教学激励既要有竞争也要有合作。竞争是通过激发人们追求最大利益的物质性动机、在组织中获得较高地位的社会性动机和自我实现的精神性动机，来推动整体教学工作绩效的增加；而合作则要求人们必须通过相互配合实现高校教学管理目标，主要是为了解决某些条件下竞争可能带来的个人利益之间的不公平或损害整体利益的问题。

（1）教学激励中的竞争

一般来说，当能够满足个体需要的资源为稀缺资源时，按一定规则而展开的竞争将能显著地提高工作效率，从而最大限度地在实现个体目标时实现社会目标。尽管竞争不可避免地可能会带来各种负面的影响与消极作用，但人类社会发展的历史已经充分说明了竞争在实现效率方面具有积极作用。问题只是在于，对于高校教学管理者来说，如何在不同于工商企业的组织环境中引入竞争。根本的原因在教育事业是一项合作的事业，它需要团队精神，需要教师之间的合作与协作；同时传统的学科领域的划分与专业的界定，使得从事某门课程的教学往往具有垄断性，从而限制了教师之间竞争的展开。换言之，不同学科、不同专业的教师彼此难以展开如经济领域那样的竞争。这意味着，不管人们如何迷信竞争的力量，在教育活动中竞争总是有限的。我们把这称之为有限的竞争，以与市场型完全竞争相对应。

在使用教学竞争作为高校教学管理激励的手段时，管理者应当充分地认识到竞争本身存在的局限性。这种局限性表现在这样几个方面。第一，竞争的不完全性。高校教学竞争的目的不同于市场组织之间的竞争，其目的在于促进教师对教学付出更多的投入与努力。它不是一种"优胜劣汰"的竞争，而应该是"努力胜不努力汰"的竞争。高校教学竞争的实质是一种有限的竞争，是合作前提下的竞争，而并非一种完全的竞争。竞争制胜的依据是工作的努力与进取，以及对教学工作的认识负责的态度。由此可带来第二个方面的局限性，即教师个体在教学中的努力度难以确定。可以考虑另外一个维度即胜任度作为竞争标准，以能否胜任教学应当成为是否获得某种教学机会的条件。但是它的前提是激励的约束原则。如果教学组织单位内部的教师不愿意从事教学工作，则这样的激励思想是不会起作用的。然而即使以胜任为依据，也还存在着"何谓胜任"的判断问题。第三，通过竞争而使得某些人不能获得教学机会，在这种情况下，这些人又该怎样安排。这是竞争结果的善后问题。简单地说"能进能出"是没有意义的。因为让竞争失败者离开高校，固然能够使高校抛掉一些包袱，但却增加了社会的负担。第四，高校教学竞争还有一个提高教学效率和实现教学公平的矛盾问题。竞争可以解决教学效率问题，但其结果则可能带来教学公平问题，这种教学公平问题既可能发生在教师的群体中，也可能发生在学生的群体中，甚至还可能发生在高校内部的整个师生员工的群体中。

当然，在充分认识到竞争在高校教学中所面临的难题时，我们也不能过分地夸大这种局限性。教师教学劳动的特点，使得不完全竞争能够实现提高教学效率的目的。首先，尽管教育是一项集体性事业，但教师的教学劳动则是个体性劳动，这使得教学竞争具有某种可能性。其次，大的学科领域的划分并不能阻隔学科领域内的相通性与共有的知识基础，这使得学科领域内的竞争成为可能。换言之，知识的垄断性也总是相对而言的。在教师各自的专业内，个体的知识可能表现出某种垄断性，但就学科而言，知识在一定程度上具有相通性，从而使得教学竞争具有了知识论的基础。最后，同类高校相同学科领域教师的共生，区域范围内高校资源共享，也为教学竞争的展开提供了外在的教师资源条件。

高校教师教学竞争的对象是什么？现行分配制度建设的不配套，使得高校出现一种本末倒置的现象，即教师之间出现对课"酬"的竞争，而不是对工作努力的竞争。在这种情况下，分配制度的改革就难以实现其预期的目标。教学管理的基本原理是，教师努力实现教学目标成为他实现个体目标的途径与手段。从根本上讲，高校教学竞争的对象是接受工作任务和岗位的机会，而获得这种机会的依据是教师上一轮对教学的投入与从学生反馈来的有关教学效果的信息。因此，真正的竞争是在教学过程中的，而这种竞争的表现形式是对任务机会的争取，如学业毕业论文的指导、某门课程的教学任务、教学实习指导等等。让表现不良者在教学管理工作的起始阶段就丧失机会，将会在教师之间形成竞争性的工作关系，从而有力地促进教师对教学的工作投入。

（2）教学激励中的合作

组织内部、部门之间、部门内成员之间，是实行竞争性工作关系，还是实行合作性关系，可以由奖励手段进行控制。竞争作为激励手段，在于促进个体的工作努力。然而为了保证各个部门和个体之间的合作，高校教学管理者有必要设计鼓励合作的机制，以作为激励合作的手段。两种激励手段的结合运用，不仅有助于实现对部门工作业绩和个人工作业绩的控制，避免恶性竞争和团队精神的培养；而且有助于克服责任扩散和社会惰化现象的出现，鼓励个人最大限度地发挥个人努力。

然而在高校现行的分配制度中，其核心是突出对个体的激励。这是一个奇怪而又矛盾的现象。一方面，高校管理者在各种场合都反复强调团队精神，而在个体的报酬获得上则绝对是非团队的；另一方面，在一个需要团体协作的群体中，学校工作考核标准则完全是个人化的，而缺少对群体或部门应有的考核，同时用计划式的任务供给方式进行竞争性的计酬核算。这种奇怪而又矛盾现象的出现表明，在整个社会转型时期，高校教学管理指导思想上出现混乱和不统一。计划分配与市场竞争并存，却又没有很好地协调；教学上的合作要求与实际的个体激励，也同样没有通过设计良好的机制而予以保证。

每个学期或学年，都有对教师个人的工作业绩考核，却难以见到对部门有关教学工作业绩的考核。在通常的情况下，充其量是通过期中教学检查，对各院系有一个总体上的评价，然而，这种总体上的评价对于院系来说并没有任何的激励意义。在这种情况下，部门或群体工作业绩的好坏，对教师个体的利益而言没有影响。这使得教师对其所隶属的群体表现出其他群体所没有的冷漠与隔离。在很多学校，院系用于发放奖金的经费有两个来源，一是院系的创收（如举办各种成人教育班），另一个来源渠道是学校根据各院系的实际招生人数及所承担的课时总量所给予的拨款。这种激励安排带来诸多问题，其中有两个非常突出的问题。一是由于课时总量决定着院系从学校所能获得的资金划拨，因而各院系从其利益的最大化考虑，均争取更多的课时总量，其结果是学校课程改革与教学改革陷入重重阻力之中；二是各院系不顾及人才市场的需求状况，盲目地扩大招生规模，盲目地上新专业，导致有限的教育资源的浪费与学生就业的压力加大。因此高校在合作激励手段方面，也同样存在着激励不当的问题。如不加以改进，一切改革开放的已有成果都将在不当激励中被耗费殆尽。

作为对现有的合作激励机制的补充，有必要增加对部门工作业绩的考核，并将工作业绩考核的结果与部门的报酬总量挂钩。这种部门工作业绩考核的措施主要是突出部门内部的合作性奖励结构。如可对部门的工作业绩的考核分为若干等级，每一等级设一系数，通过考核确定每一部门的工作业绩等级系数，以资金基数乘以等级系数再乘以部门人数，所得乘积即为部门奖金总数。对部门工作业绩的考核与奖励，可作为每个部门奖金发放的基数，即人们常说的"平均奖"。而对个人则采取工作量的计算办法。同时引入工作任务竞争机会概念，从而做到在教学系统内部，既有合作性激励结构，也有竞争性激励结果。前者面向群体，后者面向个体。最终目的是要营造一个团结而不是责任推诿、承认个人成就而不造成恶性竞争的组织激励机制。

（二）高校教学管理激励的有效实施

在教学管理目标已经确定的前提下，激励的有效实施将能够极大地提高高校教学管理的效率，激励广大教职员工的教学工作积极性，从而为实现高校教学目标、完成高校教学任务而努力工作。高校教学管理激励的有效实施，需要在综合考虑到有关对高校教职员工的可能的激励作用的基础上，来制定有关教学奖惩的具体策略。为此，这里首先分析三种可能的激励作用，在此基础上提出具体的激励策略。

1. 对高校教职员工个体行为的三种激励作用

管理理论研究表明，对个体行为的主要激励作用可以归结为三种，即物质性激励作用、精神性激励作用和竞争机制的激励作用。物质性激励作用主要产生于对物质、金钱、财产等的占有欲，表现为发自内心的动力。精神性激励作用主要产生于追求精神上的、心理上的和事业上的满足的一种内在的动力。竞争机制的激励作用主要产生于外界强大的竞争压力。如果竞争公平合理则表现为一种推动力，如果竞争不公反而会起到消极作用。在不同的制度及文化背景和生活环境下，这三种因素对于个体行为的作用有着很大的差异。如果我们将三种激励作用看作是作用于人身上的三种力，即物质性激励作用力、精神性激励作用力和竞争机制的激励作用力，那么对于不同的个体来说，其作用力的大小是不一样的。不同的个体，三种因素的作用力其实有着很大的差异。就高校教职员工来说，年轻的教师与老教师相比，物质性的作用力要高于精神性的作用力。就教师与社会其他职业群体相比，精神性的作用力要远远大于物质性的作用力。同时竞争性的作用力虽然也有一定的影响，但就高校教学管理来说，也不可过高地估计这种作用力可能对教师所产生的激励作用。而在教师群体内部，三个因素的激励作用也会呈现出很大的差异。

为什么教职员工会受到精神性的、物质性的和竞争性的激励作用？对此可作如下说明：（1）物质性激励作用来自人们生存的基本需要，每一个人都有这种需要，因此也受到这种激励作用的拉动。由于物质性的激励作用与个体的基本需要紧密地联系在一起，因而这种激励作用主要是来自行为者自身，表现出来的是一种主动的力量。不过值得高校教学管理者注意的是，一般来讲，当人们拥有一定必需的物质财富时，物质性财富的增长所产生的激励作用的边际增长率是递减的。换言之，在基本的需求满足后，每增加一份物质财富所产生的激励，小于基本需求未满足前每增加一份物质财富所产生的激励作用。当这种激励达到一定程度时，人们会期望更多的精神性激励。（2）精神性激励作用来自人们对于高级生活质量的需求，也是一种发自内心的、主动的力量。在高校教学管理中，应该更多地运用精神性的激励作用，而不是运用更多的物质性的激励作用。这是因为高校教职员工文化水平越高，素质也好，对于事业的追求动力较大，因此精神性的激励作用也较强。（3）竞争机制的激励作用来自外界压力，行为者是被动的。如果有机会有条件，他们会尽可能逃避这种压力，例如，当无法监督一些人的工作时，若他们有偷懒的欲望，他们就可能不会努力工作。因此，要使这种激励发挥作用，必须真正形成竞争环境。要做到这一点，首先行为者的工作效果必须是可观察的，即通过行为者行为可以判断他们工作得好坏。其次，要存在制约他们行为的机制，如受到解雇、惩罚等，这两者缺一不可。

2.高校教学管理中激励策略：奖励与惩罚

在高校教学管理中，激励的基本策略主要是奖励和惩罚。奖励与惩罚是高校教学管理者要求按自己意愿行事的最常见和最基本的做法。它们对于高校教学管理有着重要的作用。作为现实存在的人，高校教职员工有欲望和自我利益的且有满足自己欲望和保证自己利益的动机。这正是高校教学奖惩发挥作用的所在。要使教职员工的作用得以充分发挥，潜能得以释放，教学管理者就必须设法利用人们的欲望（物质的和精神的）进行激励（奖励），以影响其利益（惩罚）进行督促。奖惩是高校组织教学管理的两个重要的工具。然而，如何利用奖惩使其效果最佳则是一个值得研究和思考的问题。总的原则应当是，对于表现优秀者应当奖励，而对于表现低于平均水平者则应该给予适当的惩罚。对于教学表现优秀者不予以奖励等于是鼓励教职员工追求平庸；同样对于表现低于平均水平的人不惩罚则是打击优秀者追求卓越的积极性。

然而，并非只要实施奖惩就可以达到预期的教学管理目标。实际上，奖惩的有效实施是需要具备一定条件的。只有在这些基本条件具备的情况下，奖惩的实施才会发挥其对于教职员工个体行为的作用力。否则，不仅不会达到预期的管理目标，反而产生管理者无法预料的负面作用。通常，要使高校教学奖惩有效，至少应具备以下几个条件：一是教职员工的教学行为应当是可以评价的。对于难以评价的教学行为，如对于课堂教学效果的评价，则奖惩就可能产生极大的负面作用。二是高校教学管理者欲对教职员工的教学实施奖惩措施，则应当首先对教职员工提出明确的目标和要求，并且应使教职员工明确相应的目标和要求。绝不能仅凭管理者的好恶来进行奖惩。那种凭管理者的好恶来实施的奖惩，只会对工作带来极大的危害。三是奖励和惩罚的东西应是高校教职员工所真正关切的，即真正影响到教职员工的利害。这意味着高校教学管理者不仅要研究上级的文件精神，从有效的教学管理出发，更要认真地研究教职员工的需要和追求。四是准确地把握奖惩的动机和强度，并使奖惩保持在一个适当的激发水平上，过高或过低的奖惩都不是最佳的策略选择。

高校教学奖惩一般可以分为确定教职员工的奋斗目标、评价教职员工的教学表现、根据其表现给予奖励等三个步骤。其中教学管理者会遇到两个难题。难题之一是有关教职员工的奋斗目标的确定问题。教职员工的奋斗目标通常就是教学管理中的评选指标。这个指标应当是适中的，不能定得太高，否则会对大部分人失去激励作用，因为过高的要求将使得大部分人即使通过努力也无法达到；也不能定得太低，过低的奋斗目标将使得大部分人不经过努力就可以获得奖励，激励作用也会降低。这里，奋斗目标的高低不是根据某种外在的标准来制定的，而是根据教学群体内的平均工作水平和能力来确定的。所以，确定教职员工的奋斗目标即奖励标准是需要予以研究的。这项工作难度大、任务重，然而又是一项必须完成的工作。难题之二是，在管理过程中应当根据教职员工的教学表现来给予奖励。但教职员工的教学表现存在着一个难度量和易度量的问题。这是人的行为难题在高校教学奖惩方面的反映。人的行为具有不连贯性、隐蔽性和应变性等特点。不连贯性是指人的行为很容易受到周围诸多细小的不确定性因素的影响，从而使其偏离原有的特点。管理成败在很大程度上不完全取决于主流行为，而是受制于少数特殊情况、不受重视的细节。隐蔽性是人的真实动机的不可知性，也即观察者通过被观察者的行为而推知其动机与其真实性的差异性。因此，在观察者的眼中，被观察者的行为与其真实的动机是脱节的。在经济活动中，私有信息就是这种隐蔽性的一种表现。从管理的角度来讲，人们期望被管理者坦诚、信任，最好是透明人，一眼就可以看清各自的想法和打算，管理也就更易于科学化，但这是不切合实际的。我们所能做的就是通过管理机制的设计、环境的改善，利用人对环境的依赖性，来使人尽可能地释放私有信息，即让人说真话、不偷懒。

高校教学行为同样具有人的行为的一般性特征。这使得高校教学行为也存在一个如何度量的问题。因为高校教职员工的教学表现存在难度量和易度量的问题，所以在对教职员工进行奖励时需要区别对待。易度量的教学行为可以根据其结果给予奖励，即按基数奖励；对难度量的教学行为可按序数（名次）给予奖励（如评选先进个人）。两者的区别在于前者必须有具体的评价量，必须对被评价对象行为过程有细致和深入的了解，且只要大家努力，任何人都能到奖励，只是大小不同而已，所以奖励成本事先无法确定。而后者则无须知道教学行为过程的具体细节，只是按总体表现排出名次。因受奖名额是事先确定的，所以奖励成本也是固定的，但不管教职员工怎样努力，都意味着不是所有的人都可以获奖的。高校教学管理不管是采取基数奖励还是采取序数奖励，奖励的对象应当是面向所有的教职员工。因为奖励如果只面对少数人，那就会打击多数人的工作积极性。奖惩的对象面向全体只是从机会的获得意义上讲的，并不是说教职员工全体都能够得到奖励或惩罚，而只是全体教职员工都有可能得到奖惩。

第三章 高校教学管理创新发展

本章内容论述高校教学管理创新发展，主要从四个方面进行了具体介绍，分别为高校教学管理制度创新、大学校园教学管理信息化建设、基于学分制的高校教学管理和高校教学管理与学生管理结合。

第一节 高校教学管理制度创新

一、高校教学管理制度的含义

高校教学管理制度是调整教师、学生和教学管理者之间以及各种教学部门之间利益关系的权威性规则体系。由于主体的需要、动机和目的不同，他们的利益也就不同，就容易在教学过程中形成冲突和矛盾，高校教学管理制度即是通过解决教学过程中的这些利益冲突而实现教学管理的效用与目的。

从制度作用的机理分析，教学管理制度是高校教育教学的基本制度，是针对教育教学活动和教师与学生的行为表现，它既是教育教学管理思想、观念的外显形式，也是教学管理实践活动的行动指南；既是实施教学管理的手段，也是实现教学管理目标的工具。这一运行机理的基础是要提供适当的有效的刺激，从社会政治学的角度来看，教学管理制度应是协调高校教学过程中管理者与被管理者之间关系的准则和规范。在高校的教学管理活动中，管理者与被管理者对应于教学行政管理者与师生、教师和学生之间的关系，这些关系考虑到培养创造性、创新型人才的目标这一高校教学管理活动的特殊性，应当体现出契约上的平等。

在教学管理制度的内容方面，需要解决这样几个问题，即制度针对的对象、范围，制度作用的力度以及制度的作用目的。一是对象，要求根据教学管理实践的需要，确定制度制定和实施的对象，避免事无巨细皆以制度来约束、规定，应做到有所为，有所不为。二是范围，制度的作用是有时空范围的，在具体的教学管理实践中要明确制度所针对的事项、范围，明确制度实施的责任和义务。三是制度管理的力度，高校教学管理制度应体现出刚性与弹性的统一，解决好控制的松紧度、宽严度，要形成这样一种认识：对教学过程的管理不是越细越好，也不是越详尽越好、越严越好，重要的是依据教育教学规律和制度的制定原则把握好一个度。四是制度的作用目的，制度的制定应该是有明确的目的性的，这是制度制定的首要原则。制度的制定与实施需要付出代价，应将此代价与其目的对比考察，不能不计成本地仅考虑所要达到的目的，更不能为了执行制度而忽视目的的存在，或者是一味地执行不必要的制度而导致工作效率的低下，阻碍管理目标的实现。

高校教学管理制度涵盖人才培养的各环节，涉及招生、培养、毕业等人才培养的全过程，包括为强化教学管理、稳定教学秩序、加强教学质量控制而制定的各类教学规章、制度、条例、规则、细则、守则等，是学校教学管理组织制度和各种操作性规章制度的总称。具体的制度包括：专业建设方面的管理制度，如培养目标的制度、专业改造与设置制度、人才培养方案的制度安排与制度规定，教材建设与教学手段方面的改革制度，课程建设与管理方面的制度与规定，实践教学与管理方面的制度与规定，教学资源管理制度，教学组织管理制度，教学质量管理制度，教学运行机制，学生成绩的考核与评定制度，学籍管理制度，等等。

综合以上分析，我们所要讨论的高校教学管理制度应是在一定的教育管理思想和理念的指导下，遵循管理规律和教育教学规律，根据教育教学工作目标要求，对教学活动进行计划、组织、指挥、协调和控制等各项管理活动制定的各类规章、制度、条例、规则、细则、守则等，运用约束、导向、激励等多种手段，协调教学行政管理者与教师、教学行政管理者与学生、教师与学生之间的关系，以高效地设计结果和保持良好的教学环境，推动教学工作正常地、高效率地运转，使教师和学生在教学过程中充分发挥其积极性、创造性及其潜能，最终达到既定的教育教学目标。

二、高校教学管理制度的价值取向

制度的创新设计能够体现出一种价值选择和价值取向，或者说制度的创新是在一定价值观指引下的引导、示范、激励、约束等功能的综合作用。教育的本质是通过文化使个体社会化的活动，高校从事的培养高级专门人才的活动既是社会的、又是文化的。一方面，高校教育活动需要满足外部需求，即满足政治论哲学，为建设国家服务、为社会服务；另一方面，高校教育系统内部的教育者、管理者和其他教育工作者又是以知识和学科为价值基础的，需要满足认识论哲学，为发展知识服务、为人的综合素质养成服务。作为高校教育的价值主体，无论是教育者还是受教育者抑或是社会，不管是为社会服务，或者是为了培养人才，他们都以知识和技术的价值为基础：教育者以这种技术和知识为基本工作材料实现自身价值，受教育者则是在教育者的帮助下通过学习这种技术和知识而使自身得以发展，社会则在社会文化的传承和发展过程中得以延续、在接受掌握了技术和知识的人才后而得以发展。

制度是一种规范，是各种办事规程和行为规则的集合，高校教学管理制度为教育者和受教育者的教育教学行为提供秩序框架，是保护教育教学质量得以实现的重要措施。高校教学管理制度本身不是价值，只是价值的载体，是指示某种价值的符号，同时，教育教学的不同价值理念也必然体现在相应的教学管理制度上。高校教学管理制度的创新需要遵循基于高级技术和知识的平等、自由、民主的价值理念。

（一）平等

平等是人和人之间的一种关系、人对人的一种态度。高校教学管理制度的平等原则，不是指物质上的"相等"或"平均"，而是指在精神上互相理解、互相尊重。所谓平等理念，其平等也不是指以能力本位为基础的精英主义教育平等观，而是以权利本位为出发点的平等观，这种平等的观念认为高校系统内部的教师享有同等使用学校资源的权利，在其专业领域具有不受其他权利支配的地位；大学生则享有主动学习的权利，具有根据自己的兴趣爱好选择学习内容、学习方法、学习时间、学习地点的权利，具有对教师的观点、见解质疑的权利，具有提出能自圆其说的见解的能力。随着知识经济时代的来临，人们越来越多地感受到知识的价值，感受到时代和社会对知识越来越高的要求，教师和学生的上述平等权利将理所当然、顺时应势地成为高校教学管理制度的基本价值观。

教学管理制度是在分配利益格局、解决主体之间的利益冲突中建立起来的，要想得到人们的认可与遵守，发挥出制度的作用和功能，就必须要实现利益分配的均衡，做到制度公正，使不同的主体包括教师、学生和教学管理者达到满意状态。制度公正是实现制度平等的最基本要求，所谓制度公正，是指利益分配的均衡与合理，是权利义务设定的公平与正当，即我们通常所说的制度面前人人平等。

（二）自由

高等教育是面向未来指向人生的事业，高等教育的存在与发展离不开对教师和学生个体生存的关注，它的根本价值就体现在对人的生存的高层次关怀，高校教育教学只有在关注人的生存的过程中，才能确立其自身合法存在的根本依据和价值旨归。在这个关注人的教育过程中，自由是高校的终极意义和价值追求。自由是人类在获得基本生存保障的前提下，渴求实现人生价值，提高时限性和相对性的概念，不同群体、不同个体对自由的看法和要求都是不同的，在高校系统内部，自由的主体包括教师和学生，自由的领域包括技术和知识的传授、整合与应用，自由的内容包括教的自由、学的自由、选择的自由和放弃的自由。

（三）民主

民主的本意是在民主制度下，公民拥有超越立法者和政府的最高主权。受整个社会民主化进程的影响，高校教学管理也需要进一步民主化。高校教学管理制度的民主原则，既是高校本质的体现和要求，又是现代管理的一个重要原则，应该体现在保护师生的自由和人权原则、多数决定并充分尊重少数的权力的原则、师生得到平等的制度保护的原则、权责统一原则上。

高校教学管理制度的出发点是教育教学，落脚点是教育教学的利益相关者，最终目的是要维护并不断地拓展学校利益相关者的利益。所谓教育教学利益相关者是指能够共享学校教育资源和利益的个人和团体，包括教师、学生、家长、社会用人单位、教育教学管理者等，他们都与学校的教育教学质量有着密切的联系。其中，在教育教学质量保障因素中，最直接或起决定作用的是教师，而教师发挥关键作用的保障是学术权力的运用，因此，教学管理制度的民主原则应该体现在学术权力的内在要求与反映，坚持民主管理的原则就是坚持学术管理的原则，广大教职工应该共同参与教育教学的管理，在教育教学的改革、建设与发展的重大问题上有首要的、起决定作用的发言权和表决权。

当然，在这些利益相关者中，核心是学生，没有学生，也就无所谓学校，同样，没有学生的利益，也就没有了学校的利益，也就没有了教师、社会用人单位、教育教学管理者的利益，也就没有了学校的发展。教学管理制度的民主原则应该考虑到学生群体，让学生共同参与教育教学的管理，在教育教学的改革、建设与发展等重大问题上有发言权和表决权。以往高校所奉行的那种极端的"教授治校"的民主观，由于仅仅体现了部分人的民主而渐渐偏离了现代社会民主化进程的要求，所以要以学术利益为目标与出发点，协调教学行政管理工作与学术自由之间的关系，让高校中所有的人，包括高级职务的学者与处于低级职务的学者，学术人员与行政管理者，教师与学生等都参与到学校的教育教学管理之中，表达他们的意愿，体现出平等的民主。

民主管理的原则还应该表现在不同类型的管理，应交由不同的管理主体负责和决定，使做到权力与责任的统一。在管理主体行使管理职责时，也还需要贯彻民主的原则，保证决策机构人员构成的多元化，咨询机构的广泛化和决策机制的科学化。

高校教学管理制度的价值取向都是基于对技术和知识的追求，无论是平等、自由还是民主，都需要在这种追求的过程中得到体现。但是，也应当看到，教育者、受教育者、社会三者的具体价值观有着明显的差异，教育者关注的是学术自身的价值，受教育者关注的是本人素质和能力的提高，社会则对经济利益、社会发展给予更高的期望。

三、高校教学管理制度的创新原则

高校教学管理制度的创新不仅要以正确的价值观为指导，反映高等教育的价值取向，在实际创新过程中，还需要遵循高等教育教学规律，遵循一定的原则，如系统性原则、可行性原则、开放性原则和一致性原则，以实现对教学工作有效的管理，正确培育、引导教职员工和学生规范和约束个人言行，并通过形成教学管理整体积极向上的合力，实现教育教学管理的目标。

（一）系统性原则

教学管理制度不是独立存在的，它们中的每一项都是高校教学管理系统中规章制度的一部分，存在于制度系统的框架之内。学校是由组织系统、价值系统、权力系统构成的复杂系统，教学管理制度的建构要综合考虑各方面因素，不能头痛医头，脚痛医脚。上述三个系统之间相互联系、相互渗透、相互促进，力求做到全面、完整、客观，忽略哪一方面都将不是完善的制度。通过教学管理制度的联结，应该促使教学管理系统中的各个要素有机结合，高效、有序、规范、科学地运行，如在专业建设与改革、课程建设与改革、教材建设与改革、实验室建设与改革时应当互相协调，加强联系，在优秀课程建设遴选时应充分考虑品牌和特色专业建设点的主干课程，组织优秀教材评选时也应充分考虑优秀课程建设的力度和效度，这样才能保障教学管理系统形成整体合力，保证教学管理系统健康有序地发展，寻求整体效益的快速推进，为实现教学管理目标服务，求得教学质量的整体提高。

系统性原则要求教学管理制度保障主体的全方位、保障范围的全方位、保障活动的完整性，即要求制度保障的主体需要教师、学生、教学管理人员的共同参与，涵盖所有与教育教学质量有关的因素，包括教育资源、教育教学过程与教育教学结果，并且对上述三个环节进行全过程的调节、控制，形成一个环环相扣的有机整体。

系统性原则要保证核心制度与配套制度的有效结合，把制度结构中起主要作用的核心制度与起辅助作用的配套制度从整体角度出发，进行合理的统筹安排。无论是核心制度，还是配套制度，都需要把对过程管理的关注转移到对关键环节的重点管理上来，如原来对学生课堂考勤、听课、自习、作业完成等事无巨细地检查和监督，就需要在课程考核时对出卷、阅卷和考试等这些关键环节上下功夫，把握住这些关键环节，就可以以较小的管理成本约束、规范、引导学生平时的行为和态度，还有利于学生充分利用自己支配的时间和空间进行创新能力的锻炼与塑造。把握住关键环节，还可以避免烦琐、避免给师生增加额外负担，便于执行，提高整体工作效率。

（二）可行性原则

教学管理制度必须是可以执行的，不可执行的教学管理制度会影响制度的权威，应该予以剔除。

可行性原则首先要确保效率和质量的提高，强调群体或组织中行为的一致性、条理性，从而显示出秩序和效率，没有效率的质量是难以实现为师生服务的教育目标的。同时，质量又是发展过程中的一个重要取向，它构成了效率的基础和前提，没有质量的效率很难说是真正的效率。当然，高校教学管理的效率概念与经济管理、行政管理等领域中的概念应当有所不同，高校教学管理的效率应该是一种符合高校教育本质特性的管理效率，具有人文内涵的管理效率应该是定性与定量的平衡与协调的结果。

可行性原则要求制度具有可操作性，要从完成教育教学的基本要求出发，确保思路清晰、目的明确、规范严谨，力图做到简单易行、可操作性强。

可行性原则还要求制度具有可测性，对教学管理制度执行得好与不好、执行到什么程度，可以用统一的标准进行测量和评价，避免在制度执行过程中出现赏罚不明、标准不一的现象，影响教学管理系统的整体运行。

可行性原则要体现出制度的强制性，遵循"无例外原则"，给予奖惩条例以严格的规定，授予执行部门强制执行的手段和权利，使每个人在执行教学管理制度时感觉到一种"力度"，需要付出一定的努力。只有制度得到良好的贯彻执行时，组织成员，包括教师和学生、教学管理者，都自觉遵守教学管理制度，自觉维护教学管理制度的权威性，制度所规范的行为即可成为组织成员高度自觉的行为，此时，组织成员的行为自由，也就不会感受到这种约束和限制。

任何制度的发展都要经历形成期、效能期和萎缩期三段生命历程，教学管理制度的可行性原则还包括保持制度的稳定性与变革性相互协调。

教学管理制度的可行性原则要以共同参与作为保障，在保障效率的同时，考虑到制度的公平性，把制度建立在对师生需要认识的基础上，顺民意而行，切实尊重师生的民主、自由选择权，保障教师教的自由和学生学的自由。在出台一项教学管理制度时，要邀请各方代表参与到讨论中来，这些代表不仅要包括管理职能部门的工作人员，还要特别注意吸纳教学管理制度执行的主体和客体，如教师代表、学生代表及社区代表。共同参与原则要求在教学管理制度建构时，要进行广泛的调查研究和周密的思考，广泛听取意见和建议，集思广益，使教学管理制度建立在实事求是和广泛群众基础之上。保持效率和公平之间的平衡是重要的，在专业建设、课程建设、教材建设等领域建立开放的决策程序，提高管理过程的透明度，建立相应的专家咨询制度、决策制度、社会公示制度和听证制度，积极创建公平、公正、公开的教学环境，建立健康、有序的教学运行机制；而在诸如课务管理、考务组织、教材采购与发放等环节则应努力提高工作效率，更好实现教学管理部门的服务职能。

可行性原则意味着制度不能太多、太细。任何制度都是有漏洞的，而且制度也不可能无限细化，制度越细化，制度管理的成本越高。即便可以进一步地细化，细化的制度也仍然需要师生们具有执行制度的自觉性，过分精细化的规则还会束缚人活动的手脚，所以应保留一定的能够自觉选择行为的余地，要体现对人的尊重，不要用太多的否定词，不用表示禁止的命令型的语气，少规定拘束人的条目，只侧重于指明一个大致的方向，把强调细则的做法改为体贴人的纪律。

（三）开放性原则

制度创新的开放首先是基于系统的开放性原则，一个系统只有不断与环境进行物质、能量和信息的交换，才能够维持它的有序性。

规则自身也必须是开放的，按照控制论观点，高校教学管理系统也需要根据内、外部不断变化的信息进行调控，使之经常处于优化运行状态，达到最佳输出。随着教学系统与各种外部环境的信息交换，教学管理制度也要进行相应的调整和变更，在执行过程中不断地自我改进、自我完善，形成制度的开放性。

开放性原则意味着制度变迁的主体要多元化，要改变以往制度创新仅由教学管理部门主导的现状，吸收教学活动利益相关者参与进来，使制度创新的主体由一元化向多元化发展。制度主体的多元化可以使制度的制定照顾到不同对象、考虑到不同的适用范围。

开放性原则意味着制度变迁的可持续性。任何制度都处在不断修改、不断完善的过程之中，制度如果保持绝对的稳定，必然会带来僵化的结果，束缚人的发展和教学的进步。但修改过于频繁会降低其有效性，因此，在制定制度的过程中，应该处理好发展中的问题、变化中的问题以及难以确定的问题，建立畅通的信息渠道，保证信息的多向传递和有效转换，做到留有余地，以便制度在执行的过程中得到逐步完善，渐进形成稳定的管理体系。

（四）一致性原则

教学管理制度作为高校管理制度的一部分，必须融入学校整体管理的框架之中，与培养目标、学校整体运行机制、校园文化、上位法等保持一致，才能实现教育教学管理的最终目标。

一致性原则要求教学管理制度必须与学校整体的运行机制保持一致。高校的教学管理工作与学校的运行机制、人才培养目标和教学运行体系关系紧密，因此需要与人事分配制度、职务晋升制度、学校管理体制等相关环节保持一致，确保有效实施。

一致性原则要求各项教学管理制度之间的统一、协调。任何一项教学活动、教学环节都是为了实现人才培养目标而建立的，各教学活动、教学环节之间环环相扣、紧密相连，教学管理制度也应与之相应，形成很强的系统性、整体性，应做到目标一致、各制度之间衔接一致。

一致性原则还意味着目的性与规律性相统一、规范性与科学性相统一的原则。高校教学管理制度的创新必须在现代教育思想的指导下进行，符合人才培养目标、符合现代教育发展的规律。教学活动是集研究性、创造性、艺术性于一体的复杂劳动，其教学内容、教学方法、教学标准很难统一，因此教学管理制度应充分尊重教育教学的规律，体现科学性的原则，在方法、手段及创新活动上采取灵活多样的手段，充分体现人的创造性思维，充分开发教师与学生的智慧，克服制度限制人的创造力发挥的局限性。但是，人才的培养与成长过程有着很强的自然规则约束，人们对知识的积累是循序渐进的，教学管理制度也有其规范性的一面，在教育教学过程的程序、步骤和秩序上需要加以统一管理，给予规范性规定，要求教学活动必须在一定条件下按照特定的规则来完成，以提高教学管理的效率。

（五）合法性原则

合法性机制是组织社会学制度分析的核心概念。组织社会学家迈耶提出的合法性机制这个重要的分析概念，指的是在社会认可基础上建立的一种权威关系，所谓合法性机制，就是"受道德支配并获得普遍文化支持的符号体系和规范秩序"[1]，是指"社会的法律制度、社会规范、文化观念或某种特定的组织形式成为广为接受的社会事实之后，成为规范人们行为的观念因素，从而诱使或者迫使组织成员采纳与这种共享观念相符的组织结构和制度"[2]，它可以带来一种观念制度的力量，比如当一种制度被大多数组织采用后，往往会被公众理解成为一种理性的组织形式，从而导致该制度的同形结构得以维持和沿用，因此，合法性机制也是"那些能够迫使组织采纳具有合法性的组织结构和行为的观念力量"[2]。

高校教学管理系统是一个开放的系统，为了顺从制度规范来促进组织的生存与延续，它必须要适应环境，遵守合法性原则。当这一合法性要求所导致的压力和教学管理所追求的效率相矛盾时，就必须要采取把内部动作和外在结构分离开来的办法，建立一种新的具有合法性的组织结构或做法，从而解决合法性地位和效率实现过程中的冲突问题。

合法性原则要求教学管理制度应与上位法及上级主管部门的方针政策保持一致。教学管理的行为不能超越法律所规定的权限，并不得与国家有关教育方针政策相冲突。国家的相关教育法律、行政法规和规章都是高校的运行规则，是高校教学管理制度必须遵守的上位法。比如，对违规学生作出退学、开除学籍的处罚，对达不到学校及国家质量要求的学生作出不授予学位的处理，对教师作出的高职低聘或低职高聘等，都需要具有符合法治精神的严格程序，包括处理学生的申诉和举报程序，学校相关管理部门的调查程序，学校专家举行听证会并作出处罚建议的程序，学生处理部门的辩解程序，校长裁决及作出行政决定的程序，具体实施处罚的程序，等等。

合法性原则要求教学管理制度关注人性分析和伦理化的标准，使之成为守护教学公正秩序的重要武器，创造公正的教学管理制度和环境，做到教学管理的合理、正当和公平。

不良的教学管理制度不仅对教学质量的提高没有帮助，甚至于起到相反的作用，其中的错误规定将会借助制度自身的权威性和强制执行力，对高校的发展目标造成严重影响。因此，在制定教学管理制度时一定要慎之又慎，一定要保证上述创新原则，保证高校教学管理系统高效、有序、规范、科学地运行。

---

① 涂洪波. 制度分析：对新制度主义的一种解读 [J]. 广东社会科学，2006（6）：95-100.
② 周雪光. 组织社会学十讲 [M]. 北京：社会科学文献出版社，2003.

第二节 大学校园教学管理信息化建设

一、大学校园信息化教学概述

（一）大学校园信息化教学的概念

大学校园的信息化教学指的是大学校园教师根据现代教学理念，运用如网络技术、卫星通信技术、计算机及多媒体技术等现代化的电子信息技术，来整合各种教学媒体和丰富的信息资源，构建出较为良好的教学环境，以此来引导广大学生发挥自身的主观能动性，使得学生主动建构各种知识与各种信息，进而不断提高大学校园教学质量的整个过程。

（二）大学校园信息化教学的要素

在大学校园的信息化教学体系里，大学教授、学生、教学内容以及教学媒体是核心要素。在特定的教学环境里，这四个要素相互之间发生作用，并发挥较为良好的教学效果（图 3-2-1）。

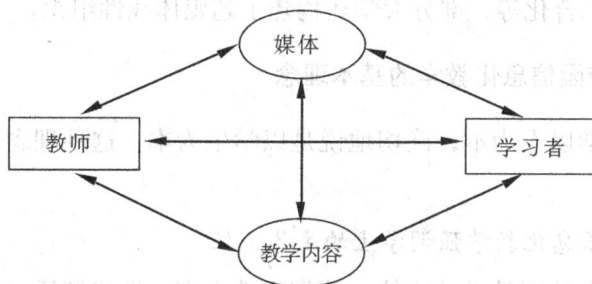

图 3-2-1 大学校园信息化教学要素之间的联系

1. 媒体要素

大学校园教学管理中的媒体要素指的是校园中的现代教学媒体。现代教学媒体是由现代科学技术成果发展而来的电子传播媒体，被运用于各个教育领域，主要包括录音、幻灯片、投影、录像等电子媒体及其他教学媒体，并与这些教学媒体共同组成大学校园教学媒体系统。例如，试听阅览室、微格教学训练系统、多媒体教室、校园网络教室等都属于大学校园教学媒体系统。

2. 教师要素

现代信息技术发展越来越广泛。在这种趋势下，大学教师扮演的角色也发生很大改变，面临着各种新挑战。这就要求大学教师要具备一定的教学能力、相应的现代教学理念、信息化教学能力（信息意识、信息知识、信息能力）和信息化教学设计能力，从而适应现代信息化教学环境。

3. 学习者要素

现代化信息技术时代，学习者可以很方便地查询各种学习资料，但也要具备相应的条件。

学习者要寻求多样化的学习方式，转被动接受型学习为主动探究、主动合作型学习，改变自己的学习习惯；学习者要提升自身的信息素质，要能从海量信息中精准获得自己想要的学习信息，并对其进行加工整理和吸收保存；学习者还要注意提升自身的自主学习意识，提高自主学习能力。

4. 教学内容要素

伴随现代信息技术的发展，大学校园教学媒体在信息化的运用水平上也越来越高，并呈现出新的特点，如表现形态多媒体化、教学处理数字化、教学传输网络化、教学方式综合化等，部分大学还构建了超媒体线性组织。

（三）大学校园信息化教学的基本理念

大学校园教学以人为本，确切地说是以学生为本。这种理念主要包括以下几方面。

1. 大学校园信息化教学强调学生的主体地位

大学生是大学校园教学的主体，他们个性丰富、性格鲜活、不断发展且比较独立，具备很强的主观能动性。而在具体的大学教学过程中，大学生表现出来的主体性包括主动性、创造性、自主性等。

2. 大学校园信息化教学强调学生的主观能动性

大学校园教师想要在教学过程中激发大学生的学习兴趣和探究热情，就要时刻保证尊重大学生自身的个性，挖掘不同大学生的长处特点，进而提升大学生的学习效果，发掘大学生的潜能。大学教师采用多媒体的技术方式进行教学活动，能够让学生根据兴趣认真学习、主动探究新知识。

3. 大学校园信息化教学从强调积累知识和训练技能转变为学生主动建构

在建构主义学习理论看来，学习者通过相关学习资料，在特定的社会文化背景下，借助他人帮助来进行意义构建，以此来获得知识。而在当今社会，学生的学习模式已经从被动接受过渡到主动建构。

4. 大学校园信息化教学强调师生之间的互动交流

师生之间进行多样化的交流，能够缩短师生的心理距离，增强学生的学习兴趣，使学生在学习过程中共享生活经验，完善知识结构，通过社会性学习发展社会性素质。

对于教师来说，暂时放下权威的架子，与学生进行平等的交往，能够帮助自身和学生相互学习，共同提高。

二、大学校园信息化教学设计

（一）大学校园信息化教学设计的概念

大学信息化教学设计的概念主要是在先进的教育理念引导下，大学校园充分利用现代化信息技术，科学地安排教师的教学过程并注重教师教学过程中的每一处细节，为广大师生构建良好的信息环境。在此基础上，大学校园要不断优化教师的教学安排，为教师培养学生的信息素质、实践能力和创新能力提供及时而有效的帮助。

（二）大学校园信息化教学设计的特点

大学校园信息化教学设计的特点具体包括以下几方面内容：

（1）大学校园在设计信息化教学时以建构主义学习理论为指导，同时也包含行为主义学习理论的部分观点，允许学生在学习过程中不断尝试，不断出现错误、不断失败，并激励学生克服困难取得成功。

（2）大学校园信息化教学建设的核心是教学设计过程。大学校园在进行教学设计时十分重视对学习环境的构建和对学习资源的利用。

（3）大学校园信息化教学的内容里，各个学科专题互相交叉重叠，大学校园设计教学内容时要注重综合性。

（4）大学校园设计信息化教学内容的教学周期单位是教学单元、教学单章、教学单节或者以某主题为主来整合出的定量学习内容。大学校园要根据教学单元设计具体教学课时，不能为完成特定数量的教学课时去安排教学内容。

（5）大学校园信息化教学在设计时要保证教学内容能让学生进行探究性学习、合作性学习、资源型学习等多种学习操作。

（6）大学校园信息化教学的教学评价要以电子作品集为根据，而不能以总结性考试为根据。

（三）大学校园信息化教学设计的基本模式

高校信息化教学设计的基本模式如图 3-2-2 所示。

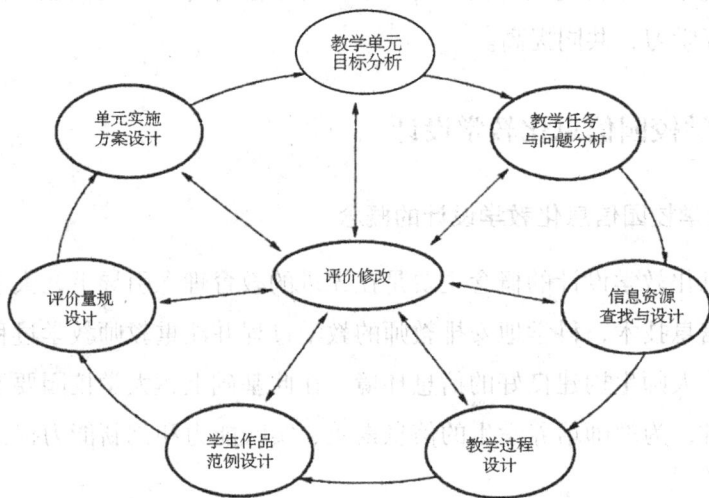

图 3-2-2　高校信息化教学设计的基本模式

（四）大学校园信息化教学设计的要求

1. 大学校园要创设情境，使学生在真实情境中掌握和运用知识

在传统的教学体系里，教师大多时候是将教学知识从具体情景中抽离成教学文字，这些文字所呈现的知识比较抽象、比较具有概括性。这种做法虽然可以以概念、规则、原理的形式体现具体情景，但它忽视了知识的运用和实践。学生在学习时尽管已经掌握了文字知识，却无法在实际执行学习任务或遇到困难时合理地加以运用，也自然无法将学习效果从文字迁移到实际情况中。大学校园教学要

让学生能在建构层面学习知识，让学生既掌握理论知识又要深刻理解所学知识对应的实践方法，从而让学生去亲身参与、感受实践情况。大学校园可以考虑为学生创造无限接近真实情况的学习情境，让学生身临其境，而不是只从教师的说教里获取实践经验。由此可见，大学校园在设计信息化教学时，要注重教师对真实问题情境的还原和对真实任务的制订。需要注意的是，教师设计的"真实情境"不等于现实情境，教学情境有很多种，不一定非要以实体表现出来，比如基于学校的情境、基于自然生活的情境、基于社会文化生活的情境以及激发想象力的虚拟情境等。教师在实际教学过程中，无论创设哪种形式的教学情境，都要坚持力求学生在真实世界能有类似经历，可以获取真实实践经验。

2. 大学校园要利用学习资源为学生自主学习和协作学习提供支持

在高校信息化教学设计中，要提供给学生丰富多彩的信息化学习资源，并在学生获取、分析处理以及编辑加工学习资源的过程中提供引导与帮助，从而为学生的探索学习、分析解决学习中的问题提供支持。有些学生不熟悉信息化学习资源，也不习惯运用，对此教师要加强对信息化资源的普及，不断鼓励学生使用信息化资源，使学生充分认识到这些学习资源给其自主学习带来的便捷与好处，然后借助现代信息化学习资源来更好地进行自主学习、合作学习。

3. 大学校园要为学生提供有效引导、支持

高校信息化教学设计强调学习者充分发挥自身的主体作用，主动学习、积极探索，但因为学习者的知识结构还比较单一，认识水平还比较低，也缺乏实践经验，所以在学生自主学习的过程中，教师要适当进行指导。在关键时刻给予帮助，如为学生提供丰富的学习资源、反复示范、为学生提供咨询服务、创设问题情境以启发学生思考与探索等，对于自我调控能力差的学生，教师尤其要给予帮助。

4. 大学校园要强调协作学习

高校信息化教学设计要求教师注重对协作学习方式的设计，具体包括学生之间的协作、师生之间的协作、学生与他人之间的协作、各主体之间面对面的协作以及在计算机信息技术支持下的信息化协作等。

协作学习不仅是学习者发展的需要，也是社会发展的需要，因此信息化教学设计特别强调协作学习。现在，社会分工越来越细化，知识增长也极为迅速，需要协作配合才能完成越来越多的工作，所以在现代人才的评价中，将协作意识与

合作能力作为一个重要判断标准。

从学习者方面来看，不同的学习者有不同的成长经历和知识经验，面对同一知识或问题，不同学习者的理解可能不同，学习者个人的理解可能是存在局限性的，或者说比较片面、肤浅、不充分、不完善，也有可能就是错误的，而通过协作学习，学习者之间相互沟通交流，每个学习者充分表达自己的看法与见解，同时听取他人的不同看法，在这个过程中学会聆听、接纳、互助、共享，在不同观点的碰撞中更深入、全面地理解知识与问题。

5.大学校园要在学习和研究活动中将"解决问题"和"任务驱动"作为主线

大学校园设计信息化教学时，不能孤立地看待学习，要将学生的学习与问题还有任务联系在一起，让学生以解决问题和完成任务为主，让学生主动投入真实的问题情境和任务情境中，从而完成学习任务、解决学习问题。大学教师在具体的教学过程设计中要始终鼓励学生，使他们结合自身的现实生活探究学习层面的具体问题，从而激活学生高水平的思维，提高学生的思维能力。教师布置的很多学习任务、学生学习时遇到的很多问题都隐含丰富的知识和技能，教师要帮助学生自主探索并挖掘这些知识和技能，使得学生在探索过程中不断掌握知识和技能并加以运用，这种做法有助于教师培养学生的探索能力和探索意识。

6.大学校园要强调面向学习过程的质性评价

在传统教学设计中，教师常常通过简单的知识与技能来评价学生的学习效果，而信息化教学设计不允许教师出现这种做法。信息化教学强调教师在设计教学评价时应考虑教学过程的所有内容并在真实的评价情境里对学生进行评价，同时也注重教师不论学生是否完成预期目标都要对涉及教育意义的过程和结果进行合理评价。除此之外，信息化教学还要求教师通过学生在整个学习过程中表现出的学习行为来评价学生学习能力的发展变化，并结合学生的学习结果进行相应评估，得出最终评价结果。教师以这个评价结果为基础改进自己的教学工作，进一步提升学生的学习能力。

三、高校信息化教学技术与方法的应用

（一）高校信息化教学技术的应用

1. 网络教学机房的应用

大学校园的网络教学机房也叫网络教室，它集普通计算机房、语音室、试听室和多媒体室及其他电子信息等多种功能于一身，可以让教师利用网络和多媒体技术以及各种网络设备进行信息化教学。

在大学校园的具体教学中，大学教师可以利用网络教学机房来完成很多教学工作。大学教师通常以以下几种形式来使用大学校园网络教学机房。

（1）电子备课的形式

大学教师在教学过程中经常能遇到课件资料不足、课件文件较大、课件不易移动等问题，这些问题在网络机房都可以完美解决。网络机房包含庞大的信息资源库，可以让教师在教学时灵活调用相关资源；网络机房的信息资源库还可以实现信息共享，教师只要购买了相应的教学资源，就可以在本校任何地方使用。

（2）课堂教学的形式

大学校园的网络机房可以整合各种多媒体教学信息和教学资源，为教师的多媒体教学提供很大便利。教师在具体的教学过程中，可以运用如文本、动画、声音、视频等各种多媒体形式进行传播和教学，也可以在课堂上引入其他直播课堂的视频画面，这样可以让学生更加积极主动地学习知识，也方便自己针对不同学生的学习情况进行专门的辅导。

（3）学生自学的形式

网络机房的学习环境比传统教学课堂更加开放和自由，学生可以利用其中的资源进行自主学习新知识、新技能，最终独立完成学习任务。

（4）网络测试的形式

大学校园的教师可以利用网络机房，针对学生组织相应的网络考试，实时掌握学生的学习情况，也可以利用网络机房的相关功能实现自动阅卷，及时将成绩反馈给学生，以此帮助学生分析问题、解决问题，提升整体教学的效果。

2. 多媒体课件的制作

多媒体课件是一种在一定理论指导下，根据教学目标设计的，表现特定教学

内容、反映一定教学策略的计算机教学软件。它可以帮助教师存储、传递和处理多媒体教学信息，提高教学质量和效率，也可以帮助学习者进行交互操作、开展自主学习和评价，提升学习者的参与度和学习能力。

多媒体课件的制作过程如图 3-2-3 所示。

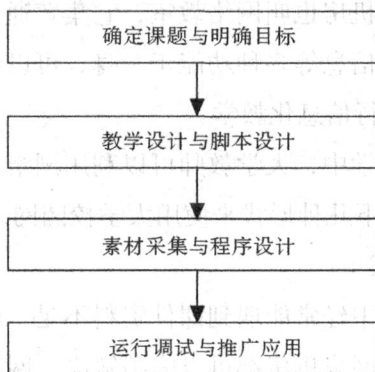

```
┌─────────────────────┐
│   确定课题与明确目标    │
└──────────┬──────────┘
           ↓
┌─────────────────────┐
│   教学设计与脚本设计    │
└──────────┬──────────┘
           ↓
┌─────────────────────┐
│   素材采集与程序设计    │
└──────────┬──────────┘
           ↓
┌─────────────────────┐
│   运行调试与推广应用    │
└─────────────────────┘
```

图 3-2-3　多媒体课件的制作过程

（1）大学课程的确定课题与明确目标

高校教学中一般可以将多媒体计算机辅助教学手段运用到各个学科中，不过教师不能运用这种方法进行所有的内容教学。一些学科课程本身内容比较抽象、不易理解，教师在具体教学过程中很难捕捉其中规律，也无法用言语描述，这就需要学生反复练习和思考，因此比较容易出现问题。所以，针对这些学科，如果条件允许，教师就要借助多媒体计算机来进行教学。

大学教师在确定教学课题时，还要分析课题内容、明确课题的实施方向，使教学课题内容符合相应的要求。大学教师要明确教学目标，尤其要注意发挥多媒体教学的优势，根据教学内容精心设计和制作相应的多媒体教案，进而调动学生学习的主动性，激励学生发挥创造力并提高自身学习效率。

大学教师要具备确定教学内容的课题、明确教学内容的目标的能力，在教学设计时利用多媒体课件突出教学重点、攻破教学难点，科学合理地设计整个教学过程，也要在适当时机安排和教学内容有关的例题和练习测试。大学教师通过这些方法，让整个教学过程实现预期目标。

（2）大学课程的教学设计与脚本设计

在整个多媒体课件制作过程里，教学设计是教学理论和教学实践的中间环节。

大学教师进行教学设计的目的是选择教学策略和媒体、规划教学活动序列，为学生创造学习环境。

在制作多媒体课件时，大学教师要将教学内容的思路清晰地表现出来，并突出教学内容的精华和重点难点，以此制作出易于计算机表现的教案脚本。脚本是教师设计教学的具体体现，也是教师教学目标的注解和制作课件的核心依据。

脚本设计包括以下两个步骤。

①文字脚本的设计与创作

文字脚本的最常见格式是声画式。声画式文字脚本将视觉素材与听觉素材分别对应地列出，即在左边一栏列出视觉素材的内容，如文字、图形、图像、动画和视频等，而在右边一栏列出解说、音响、配乐等对应的听觉素材。

②多媒体脚本的设计与创作

制作多媒体脚本一般采用表格形式，在制作脚本时要详细列出视觉素材与听觉素材（一一对应）。另外，制作脚本还要清楚表达制作中要用到的技巧。对于较大的课件，其内容和素材较多，有必要绘制逻辑结构框图，以方便制作，避免制作中出现混乱和差错。逻辑结构框图可以清楚地反映教学内容的层次结构、局部与整体的关系、各教学单元之间的关联、编辑程序的节点等。

（3）大学课程的素材采集与程序设计

大学信息化教学的多媒体课件需要采集的素材有文字、图像、图形、音频、视频等。

大学教师制作多媒体课件的核心环节是程序设计。程序设计的主要过程是编辑各种多媒体素材进而制作多媒体课件，使之达到脚本的相应要求。大学教师在进行程序设计时要保证课件的交互性够强、灵活性够强、试听效果够好。程序设计的具体步骤包含以下几点：

①分析教学目标，确定多媒体课件的教学任务和所需功能。

②设计课程调度。程序设计的课程调度包括菜单式、程序式、混合式。菜单式调度指的是计算机提供教学内容的单元目录，让学生自由选择学习内容，方便教师系统调动；程序式调度指的是教师利用计算机将各个教学目标连接排序，进而控制整个系统正常运行；混合式调度指的是教师将程序式调度和菜单式调度结合起来，使得教学内容以各章、各节的菜单方式呈现，并按照一定的次序依次排列。

③设计帧面程序。常用的控制帧面的程序包括生成型、智能型和有帧型。

④设计程序界面。教师根据多媒体课件的整体结构科学合理地设计用户界面，并将相应的图形、人机界面分级设计。

⑤设计程序的交互功能。大学教师设计多媒体课件的交互功能，以此来完成教学活动中广大师生与计算机之间的交流。

⑥设计导航程序。在教师进行教学时，一些多媒体课件的结构过于庞大、内容过于复杂，课件素材也以非系统性的网状结构加以呈现，教师不熟悉这些很容易在使用时"迷路"。所以，教师应设计课件的导航程序，方便广大师生使用。

⑦设计帮助菜单程序。教师通过帮助菜单程序可以为学生提供在线帮助，包括系统方面、功能方面、警告方面等操作信息的帮助。教师在设计帮助菜单程序时，要注意在其中设计软件地图、提示按钮、导航光标弹出式介绍方框等细节程序。

（4）大学课程的运行调试与推广应用

在多媒体课件完成后，教师不能忘记要反复进行调试和修改，直到整个课件趋于完美，这个操作是确保课件质量的最后一道工序。

多媒体课件制作完成后，在正式推广应用之前要进行评价。①课件评价，课件评价包括课件制作人员自我评价，用户评价，设计制作人员、专家、用户代表共同评价。②教学应用，正式推广应用多媒体课件时，要保证专业教师熟悉课件的特点和使用方法，从而发挥多媒体课件的特殊作用，有助于提高学生的学习水平。

（二）高校信息化教学方法的应用

1. 微格教学

微格教学指的是大学校园利用信息化教学的技术手段，强化教师教学技能的一种教学方法。微格教学常常被定义为包含目的、拥有控制性的实践系统，教师运用此法可以集中解决特定的教学问题或在可控制的条件基础上进行教学和学习。微格教学建立在教育教学理论、试听理论和教学技术基础之上，能够帮助教师系统地训练教学技能。

微格教室由主控制室、微型教师和示范观摩室组成。其中，主控室包含主控计算机、音视频处理器、硬盘录像机、监视电视墙、稳压电源、云台控制器、视频服务器、音频服务器及其他相关设备。在这几项里，主控室控制摄像云台和摄像镜头，教师可以通过主控室监视、监听微格教室内的声音和画面，也可以实时录制教师的教学过程，以便课后做针对性的讲评。除此之外，教师在主控室可以与微型教室保持通话联系，也可以控制微格教室的各个摄像头进行监控录制。

微格教室通常有摄像机、功放、云台、计算机、拾音器、投影仪等设备。可以在微型教室呼叫主控室，取得联系；可以自我控制本教室的录播系统；可以设定录播时间和录播镜头；可以任意选择图像输出到主控室的路径。

示范观摩室内装有大型显示设备，教师可以通过网络接收其他微格教室的实时教学直播画面，同步播放各个教师教学工作的实况，进而全方位、多角度地观摩和学习不同教师的教学操作。

微格教学的组织与实施方法如下。

（1）微格教学的理论学习和研究

在微格教学漫长的发展过程中，各个教师陆续向其中融入了很多现代化的教育观念、教育方法，如师生互相作用的分析理论、教育目标的分类学理论等多种教学理念。微格教学是一种全新的实践活动，学习和研究新的教学理论十分必要。理论学习和研究包括微格教学的概念、微格教学的目的和作用、学科教学论、各项教学技能理论等内容。

（2）微格教学技能的深入分析

微格教学的研究方法指的是导师把整体教学过程细分为单一的环节，并针对这些环节所要求的技能加以培训。导师可以依据培训对象的不同情况和不同诉求，选择共性较大的几个技能进行针对性培训。教师经过微格教学的实践操作能够及时掌握教态、教学语言、教学板书等多种技能。有一定教学经验的教师可以通过微格教学的实践来深入探讨更深度的技能，这有利于教师总结教学经验、互相交流沟通以及提升教学能力，最终提高教师整体教学素质。进入技能分析和示范阶段时，导师要及时做总结性、启发性报告，为广大教师分析各项技能的优缺点和发展方向，同时为学员教师展示有示范作用的教学录像。

（3）微格教学要求教师适当组织示范和观摩

在提高教师各项教学技能时，导师可以考虑组织各个学员教师，来观摩具有借鉴参考价值的教学片段。在此工作后，导师要引导各个学员教师进行交流讨论和及时分析，达成教学技能的共识。通过这一系列的工作流程，各个学员导师能够获得教学技能的理论知识和初步感知。

（4）微格教学要求教师进行角色扮演的训练

微格教学的中间环节包括角色扮演，这是受训者针对教学技能所做的具体教学实践活动。在角色扮演活动中，每一个受训者都要扮演特定的角色，以此方式模拟真实教学过程。角色扮演活动需要学员教师在扮演教师角色时要力求真实，在有控制的条件下，依据自己的备课计划按部就班地训练教学技能；扮演学生角色的学员教师要把自己当作真实课堂中的学生，要表现出学生该有的行为，主动进入训练情境。

2. 微课教学

微课起源于 1960 年，当时美国一所大学提出了微型课程，后来可汗学院与TED-Ed 将微型网络视频带入人们的视野，这种微型课程教学模式逐渐在教育领域中活跃起来。最近几年来，MOOC 等网络课程的出现对微课的发展起到了促进作用。微视频是微课的核心内容，微视频可以说是给学生呈现学习内容的最直接的形式，它的特点主要是目标明确，主题突出；内容短小精悍；情境真实，资源丰富；便于获取、学习。微课程除了具有微视频的特征外，还具有自身的独特性，表现为更新快，便于扩充，关注学习主体的发展。

微课教学是教师将微课的资源整合到日常课堂中，根据学生的学习特点和学习进度，将微课资源与普通课堂相结合，从而实施教学的过程。微课教学设计应遵循动静结合、自主探究的原则，要注意合理设置课程目标、明确教学重难点。

微课教学的实施步骤如下。

（1）制作微课程学习视频

在这一环节，应牢牢抓住教学重点和难点，基于对重难点的把握来制作具有趣味性、引申性、互动性的视频（时间大约为 5~10 分钟）。视频要便于师生互动交流，从而使教师与学生共同改进课程内容。

（2）设计课堂学习形式和方法

通过微课教学，可以使学生在课堂上自主探讨和内化，在课外学习丰富的知识，并且有效整合，提高学习效果。

（3）评价教学过程

评价教学过程的设计、内容、方法以及成效等各个方面，通过评价及时对微课教学方案进行调整，完善微课教学过程，提高微课教学质量。

第三节 基于学分制的高校教学管理

学分制是现今社会中大学校园普遍实行的教学管理制度。它满足了大学校园多元化的教学需求，也将学生的积极性与主动性充分调动了起来，让大学校园呈现出以学生为本的教育理念。伴随学分制改革的大潮流，如何既能优化大学教育的教学质量，又可以让大学校园适应学分制管理，使得教师做到因材施教，满足大学校园的多元化教育诉求是大学校园进行学分制改革时急需处理的问题。

一、大学教育学分制的由来

学分制与学年制都是当今社会大学校园最常运用的管理手法。

学年制也叫作学年学期制或学年学时制，指的是大学校园将规定的学习时数、学年数和考试合格率为标准对学生进行管理的制度。大学校园实行学年制，要求大学校园根据学生不同专业的教学目标来开设相应的教学课程、设计相应的教学时数、确定学生的修业年限。学生入学之后，大学校园按照统一的教学计划，安排学生在特定时间学习特定内容，并在适当时间安排统一的测试考核，直至学生毕业。

大学校园运用学年制规定学生的修学年限，且规定学生的学习时数和管理学生的标准。这种管理方法得到当今社会各大学的广泛运用。

大学校园的学分制指的是大学校园按照教学内容所包含的不同学科课程的难易程度和学生学习所需要的教学时长等因素，将学科成绩折算为学分。各个学生可以根据个人情况自由选择选修课程，修满大学要求的毕业学分就可以顺利拿到学位、顺利毕业。

德国在 18 世纪开始实施学分制，到 20 世纪初，美国大多数大学也开始推行学分制，并在推行过程中对其不断改进，使得学分制一步步完善。

学分制的推行满足了大学校园多元化的教育需求。在学分制的推行和实施下，学生可以按照自身的学习能力和兴趣爱好自由地选择学什么专业、学什么课程，也可自由选择专业老师和上课时间，这种做法可以调动学生的积极性和主动性，可以培养学生的自主创新能力、优化学生的知识结构；对于教师而言，学分制的推行有利于提高教师的竞争意识，激发教师的教学潜能，促使教师不断完善教学质量、提升教学效果。

学分制在我国有很长的发展历史，但发展过程却不顺畅。1985 年，政府颁布《中共中央关于教育体制改革的决定》，该政策明确指出各个大学要减少必修课的安排量，多安排选修课程，并且指出大学要实行学分制和双学位制；1994 年，政府又颁布了《国务院关于〈中国教育改革和发展纲要〉的实施意见》，该政策明确指出各个大学要"逐步实行学分制，在确定必修课的同时，设立和增加选修课，拓宽学生的知识视野，激发学生学习的主动性和创造性"；2007 年 2 月，教育部又颁布《进一步深化本科教学改革、全面提高教学质量的若干意见》，该政策明确要求各个大学要尽其所能推行学分制。

二、大学校园学分制下教学中出现的问题

由于学分制能够充分适应学生教育需求的多样化，日益受到教育界的关注，学分制成为高等学校普遍实行的基本教学管理制度。但是由于我国国民经济整体发展水平等诸多客观因素的限制，大部分学校实行的都是学年学分制。

学年学分制具备学年制和学分制两种制度的特点，指的是大学校园在编制教学计划和执行教学工作过程中，按照学生的学时数计算其学分，学生按照要求修满学分就能毕业。学籍管理制度与学年学分制相适应，主要以学年或学期划分阶段。

学年学分制拥有学年制和学分制两种制度的优点，在大学校园的人才培养工作里发挥着至关重要的作用。学年学分制的实行，不仅有利于教师的因材施教、调动教师的竞争意识，也有利于教师发扬学生的个性、调动学生的积极性以及提高学生的创新能力。同时，学年学分制可以促进教师研究教学方法，帮助教师改进教学内容、提升教学质量和科研能力，从而满足学生的发展需要。此外，学年学分制的推行也帮助大学及时更新教学课程，进而优化学生的知识结构。

在各级方针政策的指引下，高校的教育教学改革有条不紊地逐步展开，并且取得了很大的成效。在人才培养模式改革实践中，普遍加大了选修课的比例，规范了课程的设置，注重实践教学，加强了课程教学与实践教学的融合，鼓励和指导学生开展创新研究活动，以培养他们的创新能力。但是，学年学分制的一些不足之处也逐渐凸显出来。

首先，在修读课程的选择上，存在重兴趣、凑学分的现象。学生选课时首先关心的是有没有兴趣、期末考试好不好通过、可不可以拷课件、老师要求严不严格，这样势必会打乱教学计划的完整性、系统性，长此以往无法保证学习的质量。

其次，学年学分制打破了学生学习课程在专业、班级、年级上的区分线，这让学生可以根据个人爱好和自身能力选择不同课程和不同老师。但与此同时，相对于固定班级的建制，学年学分制降低了教学内容对学生学习的约束力，学生上课时的纪律没有相应的保证，学习组织也比较松散，逃课现象时有发生。

除此之外，学年学分制加大了学生的自由度，学生之间也因此缺乏集体荣誉感和社会责任感，这种现象加剧了教学管理的难度。

由上述各种情况可知，在学年学分制实行过程中，学生之间普遍存在重创新而轻基础、重实践而轻课堂的乱象。大学生们比较热衷于暑期对外交流活动、实习实践活动，而对课程学习比较冷淡，尤其是面对基础知识时，大学生的表现更加冷漠，其态度也比较懒散，经常会出现逃课现象。

三、学分制下对高校教学管理的一些建议

当前是追求个性化的时代，每个人都有不同的发展愿景，尊重个性发展的学分制更是提供了一个展示的平台。但是作为学生，首先要尽好自己的本分——完成本专业的学习任务。完成学习任务不单是吸收知识的过程，更是一种态度。任何成功的质变都是来自量变的积累。常言道"万变不离其宗"，如今科学技术迅猛发展，一个大学生要在短时间内完成并掌握大量的现代科学知识，几乎是不可能的，只有掌握了事物的基础知识才能提高学生适应能力，因为基础知识在全部课程内容中是最稳定持久的部分，是学科的基础。专业基础知识的学习首选场所就是课堂。

教学是人类传授经验和技能的活动，大学校园的教学要重视让学生学习间接

经验，也要重视教师教学过程中间接经验和直接经验的相互配合。间接经验指的是别人总结出的经验，主要通过书本获取；直接经验指的是学生亲自探索而获得的经验。从狭义角度看，教学是指教师有目的、有计划地组织学生进行学习，其中课堂是学习的主要阵地。所以，让学生回归课堂、巩固基础以及培养学生构建基础的精神，也属于大学教育人才培养的教学任务。

在各个大学推行学分制改革的大背景下，如何让广大师生适应学分制管理、保证教学质量的优化，以及让教师的教学满足多元化的需求是大学校园改革学分制的迫切问题。大学校园要解决学分制改革所存在的问题，可以考虑按照以下内容进行操作，保障教育教学的质量。

首先，教师要以身作则，脚踏实地，从容豁达，孜孜以求。教学永远具有教育性，在学校里，知识的学习固然重要，但教育更重要的是塑造人格、提升综合素质的一个过程。高校教育中既要重视大学生专业知识、技能的教育，同样要重视他们的道德情操教育，为社会主义建设培养德、智、体、美全面发展的社会主义建设者和接班人，是高等教育的根本任务所在。教师传授知识和学生学习知识的同时，教师总会对学生的思想、观点、行为等产生影响，学生也总是会接受一定的思想、道德的教育，这是教学的教育性规律的体现。

其次，大学校园要不遗余力地完善学分制的机制建设。理想化的学分制，其基础是选课制，并在此基础上以弹性学制、导师制、绩点制、重修和免修等一系列配套制度为辅助制度，其结构相对完整。但由于各种客观因素的影响，大部分高校仍然处于学年学分制的阶段。真正意义上的学分制需要大学校园在现有情况下，通过各级老师和各个渠道为学生提供修学指导，并且要帮助学生有目的地选择修读课程，防止学生选择简单课程"刷分"。"刷分"手段虽然可以让学生修够学分，但违背大学实行学分制的初衷，也阻碍学生构建合理的知识结构，进而让学生无法完成自我提升。

最后，调整课程考核方式，采用多元化考评标准。除期末成绩以外，平时成绩里都可以适当增加课堂出勤、课堂测验、听课笔记检查等项目分值，督促学生重视日常的学习积累，避免期末突击，同时还可以避免"一考定终身"的弊端。

此外，适当调整期末考试方式以及考试内容，增加对专业基础知识的考核比重。现在有相当数量的课程期末考试方式采取开卷或者写一篇论文，尤其是考查课，大约会有 50% 使用这种方式。虽然使用论文考核有助于强化学生理论联系实际，有利于提高学生综合实践能力，但是也应适当增加其他的考核方式，针对在此阶段内应当掌握的基础知识进行考核。

第四节 高校教学管理与学生管理结合

一、大学校园的教学管理与学生管理共性

（一）大学校园的管理模式

大学校园实施学生管理的关键目的是规范学生的学习行为，使学生更好参与学校教学过程的所有工作。大学校园针对大学教育需求而实施教学管理，为广大教师提供多元化教育服务保障，保证他们的教学质量。大学校园学生管理和教学管理的理论实质，旨在解决大学校园教育工作标准化推进工作中所出现的各种问题，以最低成本实现最高价值，力求教育工作回归人才培养的初衷上。由此可见，大学校园利用学生管理和教学管理共有的特性来建立两者之间的互动机制，可以改变现阶段大学校园的管理脉络，从而加强具体的工作效益，提高大学校园本身的管理能力，保证大学校园管理工作长期有效地推进。这是各个大学校园未来发展的主要趋势。

（二）大学校园的管理内容

大学校园的管理内容包括学生管理和教学管理，两者都侧重服务的多元化和管理全面性。大学校园的学生管理和教学管理并不单一，两者管理目标的方向不同，但所管理的对象是相同的，这就使得两者在具体的管理工作上呈现出比较高的契合度。例如，教学管理中的教学细节主要针对教学材料，表面上与学生管理没有关系，但良好的学生管理可以为教学管理提供实践条件。所以，大学校园的教学管理和学生管理相辅相成，相互促进。

二、大学校园的教学管理与学生管理结合优势

（一）节省大学校园教育资源应用

对比大学校园的教学管理，大学校园的学生管理对教育资源的利用需求更大，涉及面也更广，这就容易导致教育资源在使用上的分配不当，从而让两种管理工作产生冲突。例如，规范学生课余作息的目的是让学生合理安排时间，为后续教学课程做准备，但教师的教学管理工作会对这种规范产生一定的影响。在这种情况下，如何协调学生管理和教学管理，使得两种工作更好契合就显得十分关键。大学校园要建立科学合理的互动管理机制，有效解决上述问题，使得上述两种工作在具体实施过程中可以进行信息沟通，并合理安排更一致的规划内容，让教育资源发挥最大能量。这样一来，既可以防止管理工作者浪费教育资源，也可以有效促进教育资源的合理利用。

（二）提升大学校园管理工作的实际有效性

现如今，我国各个大学校园的学生管理工作主要由大学内部专职管理部门负责，管理部门结合大学学生管理的具体需求来安排工作细节；各个大学校园的教学管理工作主要由广大教师团队布局开展。这两种管理工作的本质是服务大学教师和大学生，但在具体工作实施过程中两种管理工作对教育资源的需求不同，同时大学校园对两种管理工作的支持程度也有所区别，这就导致两种管理工作共同呈现出的效果不尽如人意。大学校园建立协同互动机制，一方面可以让这两种管理工作有效契合、协同一致，并提高这两种工作的成果质量；另一方面，也可以让两种管理工作处在同一基准上，并发挥出最大的能量，进一步保证两种管理的工作质量。

三、大学校园的教学管理和学生管理结合面临的问题

（一）管理工作执行标准的确立问题

大学校园针对学生管理和教学管理所建立的协同互动机制要强调学生的自我管理，大学校园也要根据学生自我管理的具体情况和具体需求构建特定的管理执行标准，从而最大化协同管理机制的工作效益。在传统管理模式下，大学校园针

对学生的班级大多采用开展文艺活动或加强学生思想政治教育的方式管理学生，而学生由于长期被动接受管理，无法适应协同互动机制的管理操作。大学校园要立足于学生自我管理的具体情况，建立科学、适应的管理执行标准，使得学生的自我管理成为大学校园教育管理的核心。与此同时，大学校园要增强学生管理和教学管理的实践互动，多角度地推动管理工作，以此保证协同机制在相应的执行标准约束下开展具体的管理工作。

（二）管理工作实践尺度的问题

大学校园管理工作的强度设计一直困扰着管理工作的推进过程，大学校园要在建立协同机制的同时找到解决这个问题的办法。大学校园要清楚广大学生对管理工作的认同度和接受度可否符合管理工作的长效化推进，如果学生不认同大学校园管理工作、不配合大学校园管理工作，协同机制也就没有实际意义了。针对这种情况，大学校园要合理安排管理工作的强度，调整好管理内容，进而为教学管理工作的服务质量提供保障，给予学生充足的自主管理空间。

除此之外，大学校园要注意在管理工作实施的不同时期，考虑到广大师生的需要和诉求。例如，新生入学后，不熟悉校内的学习环境，不适应教师的教学风格，这时如果校园管理工作强度过大，会让他们产生抵触情绪。所以，大学校园要在合理范围内给予学生足够的自我管理空间，这是构建协同机制的主要研究课题。

（三）管理工作环境适应性的问题

大学校园要结合自身实际情况来实施具体的管理工作，进而保证所建立的结合机制能够增强具体管理工作的实践能力。如果大学校园的传统管理工作的管理适应能力不足，其工作效益自然也不会理想。在传统管理模式下，大学校园根据教育发展的大环境规划管理工作的内容，并不会充分考虑管理工作的具体实践能力，也无法做到契合教育的细节设计，使得本校的校园管理与现代管理工作的本质相悖。针对这种情况，大学在设计协同管理机制时要将大学校园的教育条件作为工作基础，进一步推动管理工作，也要考虑简化传统工作的流程，将重复性的管理工作安排到协同互动机制的工作中，从而保证大学校园的教学管理和学生管理时刻处在同一轨道，弥补管理工作所处环境适应性不足的缺陷。

第四章　高校素质教育研究

素质教育具有鲜明的时代特征，可以发挥重要的理论价值。当今社会，各种新形势和新挑战要求我们要以建设创新型国家、构建社会主义和谐社会、全面建设小康社会的总体目标为核心，优先提高全民族的整体素质，在全球化背景下深入研究素质教育的思想内涵和理论准则，进一步提高素质教育的可持续性和实效性。本章内容着重讲解大学校园的素质教育，包括大学校园的素质教育现状和意义、大学校园的素质教育与人才培养、大学校园的高素质教师队伍的建设等。

第一节　大学校园的素质教育现状和意义

一、大学校园素质教育的内涵与要义

（一）大学校园素质教育的内涵

对于素质教育的内涵，教育界各个人士众说纷纭，并没有达成统一的共识，对素质教育的解释也不尽相同。其中具有代表性的内容包括以下几点：

（1）简单来说，素质教育是对人们自然素质和社会素质的提升教育；具体来说，素质教育指的是身体素质教育、思想素质教育、政治素质教育、美德素质教育、专业素质教育等方面结合起来的综合教育。

（2）素质教育以开发广大学生身心潜能、提高广大学生的基本素质、使学生成为新一代素质公民为核心目的。

（3）素质教育以广大学生本身的身心素质为基础进行相应的推动和创造，要求教师根据已有的物质文明成果和精神文明成果，去开发和完善广大学生的身心结构和素质功能。

（4）素质教育是科学有效的教育途径，它可以挖掘学生的素质潜能，提高

学生的整体水平，也可以通过教育、实践、锻炼等手段。弥补学生在生理和心理层面的缺陷。

（5）素质教育通过人为调控让学生的身心发展与大学的教育工作要求完成同步，并为学生创造良好的发展环境，从而推动学生的素质从低到高的不断发展。

（6）素质教育依据社会发展的实际需求，全面提高学生的各项基本素质，并尊重学生自身的个性和主动精神，开发学生的智慧，从而让学生健全个性品质。

（7）素质教育促进广大学生在身心方面的发展，以提高学生思想道德、科学文化、身心素质、实践技能为宗旨。

（8）素质教育以实现教育方针规定为目标，面向全体师生，根据广大学生群体的真实情况和长远发展方向为基础，全面提高学生的各方面素质，并深度挖掘学生的各方面潜能，推动学生德、智、体、美、劳等方面的全面发展。

以上所述八项内容，有些是针对教育的表达，有些是从具体操作角度出发来阐述的概念。这几条内容表达不同，但都表明素质教育的根本目的是全面提高学生的各项素质，强调素质教育要以学生实际情况为中心挖掘其智慧、美德、实践等方面的潜能。

素质教育的具体内涵可以从多个方面解读。在教育目标方面上，素质教育要求全面提高广大学生的综合素质，重点培养学生的创新精神和实践能力，使学生成为德、智、体、美、劳全面发展的新时代合格公民；在教育功能方面看，素质教育尊重学生的主体地位和学习主动性，注重推进学生建立健全的个性品质。

由以上解释内容以及教育界各家说法，我们可以发现，素质教育的内涵是学校教师基于社会发展的需要和学生的个体发展，创造各种有利条件，通过各种有效途径以科学合理的方法最大限度地挖掘广大学生的潜能、激发广大学生的积极主动性，从而重点培养学生的创新意识和创新能力，提高广大学生的综合素质，实现广大学生的个性化发展。

（二）大学校园素质教育的要义

大学校园素质教育包括三方面：面向全体学生、全面发展、让学生完成主动发展。

1.素质教育要面向全体学生

素质教育要求面向全体学生，是因为"应试教育"片面地侧重部分尖子生，让学生被动发展。而作为现代教育思想，素质教育面向全体学生，帮助学生在德、智、体、美、劳等方面全面发展。在素质教育中，基础教育主要是指促进每一个学生发展，宗旨是义务教育。将"面向全体学生"的要求列为素质教育要求中的第一条，是告诉广大师生素质教育顺应未来教育发展趋势，是为国家提供人才的必然操作。我国目前仍是发展中国家，人口众多且经济发展不够平稳，具体在经济上的表现是多种所有制经济并存、多种生产方式并存、生产技术水平有高有低，并呈现出多元化的特点。而基础教育所要完成的任务是既要针对知识经济的需要培养高素质人才，又要针对农业经济、工业经济培养高素质人才。所以，大学校园在实施素质教育时必须保证面向全体学生，从各个学生的自身优势出发开发全体学生的潜能，发挥全体学生的特长，让学生按照自己的优势掌握一技之长，成为不同领域、不同层次的专业人才。

2.素质教育要全面发展

在传统的应试教育中，教师的教育内容过于片面，所设计的考试也比较死板，而学生都成为"考试机器"，所有的学习过程都以考试为主，这种现象阻碍了学生发展其他方面的特长和技能；而素质教育有教育方针指导，以学生的个性特点为依据，因地制宜、因材施教地对学生进行教育，关注整个教育过程的每一处细节，并要求教师运用多种手法培养学生的学习主动性和创新精神，促进学生德、智、体、美、劳全方面发展。众所周知，全面发展顺应我国国情，也是当下时代所需要的。

二、大学校园的素质教育现状分析

（一）学校层面的教育现状

学校教育是我国培养综合型人才和高素质人才最主要的方式，是为社会提供实践型人才的核心摇篮。而在学校教育中，素质教育是大学校园培养高素质人才、推进教学工作持续发展的核心基础。然而，现代社会的大多数高校仍然以考试成绩作为评判学生素质的唯一标准，相应的，学生也主要围绕考试学习，这种现状违背素质教育的大纲理念，也严重阻碍大学校园素质教育工作的推进。

第一，大学校园素质教育的教学理念普遍比较传统化，这阻碍了学校开展有针对性的教学活动。很多大学的教师仍然采用上课教学、下课测验的传统教学模式进行教学工作，很少会根据课程内容设计具有针对性的竞赛活动或主题演讲等素质教育活动，不利于学生顺利完成理论知识到实际操作的迁移实践。

第二，大学校园的素质教育设备在资金投入上明显不足，校内实践教学的平台的覆盖度也因此无法进一步延展，进而影响整体的教学效益。大学校园要实施素质教育，就要加大基础设施的资金投入力度，这也正是大学校园实践教学平台提高数量与质量所面临的主要问题。

第三，大学校园的素质教育模式和教学内容联系不够紧密，这影响了大学校园整体的教学质量。大学教师往往将教学内容分成章节进行教学工作，而不重视教学内容的内在联系，这使得学生无法将所学知识融会贯通进而纳为己用，也让教学目标和教学内容之间的冲突进一步加深。

（二）教师层面的教育现状

大学教师是大学校园素质教育工作的实施者，在教学过程中展现的教学思想和观念会时刻影响学生的身心发展，这也是大学校园提升教学水平时所重点关注的对象。但在真实的教学工作中，一些教师在设计教学时比较随意，没有科学合理地规划课程方案和教学步骤，没有根据素质教育的要求来系统组织教学工作，这阻碍了学生各方面素质和能力的提升。

首先，教师的教学思想比较落后，没有及时探索实践教学的理论和方法。在具体的教学过程中，教师只反复强调教学内容的文字，却忽视开发学生创造力、提升学生智力的最佳时机，这会降低学生在学习上的主动性、积极性，从而降低教学效果。此外，教师在教授专业知识时也比较片面，没有系统、全面地设计教学内容，只重视专业知识和专业技能的理论讲解，而忽略学生的实践能力和综合素质的培养。

其次，我国大学教师在教学过程中多以课堂为中心，缺乏与学生之间的交流互动，教学风格比较呆板。教师仅通过单一的教授法讲解内容，受限于教材设置的框架，无法让学生打开思维进行更深一步的知识内化，学生的个性也无法合理发展。

（三）学生层面的教育现状

大学校园实施素质教育，为的是提升学生综合素质、丰富学生的知识储备，进而为社会各行各业培养综合型人才。眼下，很多大学校园仍然过分侧重学生的专业教育，而忽略提升学生的内在涵养、丰富学生的精神文化，具体的教学模式也比较刻板，学生因此无法建立全面综合的知识结构。伴随时代的发展，受不良风气和不良思想的影响，学生会慢慢丧失本该具有的学习热情，甚至会出现一些只注重眼下利益而不能全身心地投入科研学习的现象，学生的学术研究也会因此而停滞。

此外，部分学生在学习时会考虑所学知识与毕业后的工作收入有无联系和联系程度的问题，甚至会为所学课程分类并打上"有用""无用"的标签，而后消极对待"无用"标签的选修课，这会导致大学生的知识结构越来越简单、思想格局越来越小。

学生的自我价值意识伴随自身年龄的增长而逐渐加强，学生的人格和社会观念也慢慢成形，此时若教师仍然采取统一、无差别的课程教学而忽略对学生因材施教，将拉低整个教学效果、阻碍学生个性化发展。

三、大学校园的素质教育的意义

（一）素质教育是知识经济的核心基础

自从进入 21 世纪，全球范围内兴起知识经济的潮流，为世界各地的人们在思想观念、生活方式、价值取向、经济发展等诸多方面带来巨大的冲击和挑战，世界经济格局和各地社会结构也因此发生着深刻改变。在世界经济从工业化向知识化过渡的人类经济革命中，知识经济全球化、国家化、综合化的特点已经慢慢展现出来，使得世界各地的经济发展逐渐比任何时期都更依赖知识的价值。由此来看，21 世纪世界经济发展的水平和质量，主要取决于本地区域的知识生产能力、知识积累能力、知识获取能力和知识应用能力的水平，其中经济发展最依赖的是知识更新能力。因此，国际经济的竞争本质上是各国知识经济的竞争，这场竞争没有具体表象，却标志着世界进入崭新的知识经济时代。在知识经济时代，人才资源是最具竞争力的经济资本，无论是社会发展还是经济增长都依靠高素质、综合型人才来传播知识、运用知识。换言之，一个国家想要迎接知识经济的巨大挑战、牢牢抓住工业经济过渡到知识经济的巨大机遇，就一定要培养能驾驭知识、具备知识经济能力和创新意识的高素质人才，同时也一定要全面提高国民整体的科学文化素质，要大力推行素质教育，把人口数量优势转变为人才数量优势。

应试教育只适应工业经济的发展要求，只在工业经济中起到推动作用，而随着世界现代化脚步的推移，应试教育的弊端和缺陷会慢慢显现出来，进而阻碍社会经济发展。所以，实施素质教育是国家发展经济的必要措施。与应试教育不同，素质教育更适应新时代经济发展和社会内在要求。但要注意，实施素质教育并不意味着简单纠正应试教育的弊端，也不能全盘否定应试教育，而是依据经济社会发展的需要、诉求，从教育系统内部调整教育模式，取应试教育之长而弃应试教育之短，并继承和发扬应试教育的优点，以此构建素质教育的格局体系。教育是生产知识、积累知识的主要方式，也是社会经济向知识经济转变的核心途径，它可以起到经济格局转变的桥梁的作用，成为经济转变的融合点。以此角度看，社会发展的知识经济也可以被视作教育经济，以教育发展为核心基础。

迎接知识经济的挑战，从本质上讲就是迎接教育转变的挑战。在知识经济的大背景下，各国教育的国际化趋势也愈发明显，人们更愿意以国际人才标准衡量不同教育模式的目标和效果，并以此来分析现行教育模式的培养要求和教学工作。通过简单的学习适应工作需要的做法已经成为过去，国家要深化各类学校的教育体制的改革，使得学校以终身学习的思想为基础来发展教育事业。此外，伴随互联网技术的发展和教育水平的提升，原本略显单一的传统教育模式将会被彻底改变。各类学校要重视培养学生的主动性和创造精神，让学生构建比较稳定的个性化心理结构，使之在实践工作中充分发挥相应的作用。知识经济时代，教育的一大重要特征就是培养学生的个性化发展。

伴随知识经济时代的发展，我们要迎头赶上，抓住跨越式发展的机遇，加快教育体制的发展改革，争取让所有大学校园实施素质教育，以此来迎接知识经济时代的挑战。眼下，教育和经济已经融合为一体，我们不能再运用"就教育谈教育、就改革谈改革"的传统封闭思维框架，要立足社会发展现状和趋势，从社会经济的宏观角度去探索教育、去审视教育本质和功能，根据社会经济发展的内在要求去探索发展教育、改革教育的最佳途径，为素质教育理论培育新的发育土壤。

我们要牢记运用素质教育培育民族创新精神、培养综合型和高素质人才的历史使命。站在以上视角，我们能发现应试教育向素质教育的改革转变是发展知识经济的必要措施，也是发展知识经济的客观要求。

（二）素质教育是教育本质的回归体现

在整个教育过程中，教育的任务不单单是传授知识，提高素质也是教育应该重视的工作，并且教育的最终目的是提高学生的综合素质，其落脚点也是素质。素质、知识、能力三方面的概念不同，但在教育过程中，这三方面往往是交融合一、密不可分的。素质和能力的发展基础是知识，长期累积的知识会转变为素质和能力；而素质是能力的潜在表现，传播知识也代表培养素质，提高素质也为提高能力打下基础。

伴随社会经济的发展和社会现代化进程的推进，社会人才观也从"学会生存"转变为"学会学习"，进而转变到"学会发展"。教育界曾发表了一些对教育影响巨大的文献作品：《学会生存——教育界的今天和明天》《学无止境》《学会关心：21 世纪的教育》和《教育——财富蕴涵其中》。我们可以在这些文献的发表顺序和文献对应的内容主题的变化中清楚地发现教育和人才观在不同时期的变化，从被动适应社会转变为主动适应社会并参与创新，从学会个人基本生存本领转变为关心家国命运，从单方面提高转变为全方面主动发展。

从以上所述的人才观变化历程上，我们可以发现社会对人才质量的要求越来越高，具体要求按照"知识—能力—素质"的顺序发生变化。由此可知，重视发展人才的多方面综合素质，是教育本质的回归体现，也是教育的必然要求。

第二节　大学校园的素质教育与人才培养

大学校园素质教育的基本功能是人才培养，它可以体现学校核心价值的培养意向和功能效益。促进人的全面发展，适应社会需要是衡量大学人才培养质量的根本标准和核心内涵，也是实现内涵式发展，建立现代大学制度，实现人才培养全面质量管理的应有之义。

一、大学校园人才培养的内涵

人才培养指的是通过各种教育训练方式和实践途径，促进人才知识水平、技能和政治思想觉悟不断提高的活动。培养学科基础知识深厚，具备良好人文素养、高度社会责任感、较强的自主学习能力、创新精神与创新能力的人才是高校永恒的目标。人才培养具有丰富的内涵：具备扎实的知识基础与实践技能，接受研究训练，操作能力强、综合素质较高；具有多变的思维方式和较强的学习能力，具备探索能力、创新精神以及优良的科学品质。人才培养的途径多种多样，有高校学习，有业余教育，也有成人教育等。各行各业的人才培养要求不尽相同，但总的目标是一致的，那就是实现人才的德、智、体、美、劳全面发展。

现代大学校园的主要任务是提高教学质量，推动教育体制的改革，培养创新型、实践型的综合型高素质人才，其中至关重要的是加强素质教育的基本建设。高素质人才培养是一项耗时耗力的浩大工程，其效果具有一定的延迟性，这也是保证大学校园各方面工作顺利进行的源泉基础。科学合理地评价综合型高素质人才培养工作，能够保证大学校园顺利开展可持续发展的工作、完成可持续战略构想。

大学校园的人才培养工程，包含培养理念、培养对象、实施主体、培养途径和目标、培养制度、培养模式等多种要素。其中，人才培养的理念展现出教育的本质特征和职能任务，也确定了教育工作的目标价值和活动原则，其主要内涵可理解为"通过确定思想指导，培养特定人才"，解释了教育为谁培养人才、高素质人才究竟应该具备哪些素质、如何培养高素质人才等关键问题。

二、大学校园人才培养的原则

当前我国高校教育要完成的根本任务，不是加大教育投资，也不是硬件设施建设的问题。教育的根本任务是培养人才。对高校而言，最重要的工作就是人才培养的问题，高校要为学生的健康成长而努力，无论在什么时候、什么情况下都不能忽视人才培养问题。

（一）树立科学的教育理念

教育理念指的是有关教育方法方方面面的概念。衡量人才培养质量的高低是界定大学校园教育质量的一种方法。大学校园想要培养高素质人才，提高教学质量，就要以人才培养为基础，确定完善、科学的教育理念，转变教育机制，提高人才培养的效益。我国大学与其他社会组织团体有本质差别，其本质任务是实施教育教学活动，并以此来为社会培养多方面高素质人才和社会主义事业的接班人。由此可知，大学校园开展任何工作首先要以人才培养为核心基础，在具体工作中时刻体现人才培养的具体特征，且不能偏离这个要求。一所大学的教学质量的好坏，不在于其校园空间规模的大小，也不在于其教学设施数量的多少，而在于其教育工作是否能培养出高素质人才；一个教师是否合格、是否优秀，不在于其发表论文数量的多少，也不在于其完成科研项目的多少，而在于能不能培养出高素质人才。整体看来，大学校园要为国家、为社会做出培养高素质人才的贡献，以发展的眼光培养广大学生。

要关注社会的发展对教育的需要，将社会评价视为衡量人才培养质量的标准。人才培养工作不能脱离社会的实际需求，而要能够满足人的发展需要和社会的需求。高校在教育实践中要以社会评价为基础来进行人才培养工作，将社会的需求体现在人才培养的各个环节上。准确掌握并分析高校学生的就业状况和人才供需情况，将此与学校专业设置与课程安排相结合，提高高校人才培养与社会经济发展的适应程度。要落实以学生为本的理念，将其作为教育工作的重要追求，把学生的健康成长作为学校人才培养工作的根本出发点和落脚点，这是高校教学工作的关键所在。高校的教育工作者要以学生为中心，对人才培养工作倾注感情，把关爱学生作为基本点来实施教育工作。高校领导者要公平对待学生，关注学生的需求。一切为了学生、为了学生的一切、为了一切学生也是所有高校永恒的精神追求。此外，要树立以学生评价为先的观念，将学生评价纳入教育教学质量的体系。在具体实施的过程中，要多听取学生对教育教学的意见和建议，重视学生的反馈，真正将这些建议落到实处，将学生的评价作为改善教学工作、革新教学方法、提升教学质量的强大动力。

（二）依照法律规定进行教学管理

从狭义角度看，教育指的是通过确定的教育机构和教育工作者，以确定目标为基础，有计划地开展教育工作，教育者根据社会现状、社会发展需求和被教育者的身心发展规律、学习兴趣和风格，引导被教育者积极、主动地参与到教学工作当中，从而为社会提供特定人才的社会性实践工作。从教育的具体过程的角度看，教育者和被教育者之间，有着主动和被动、积极和消极的影响关系，也就是说影响教育效果的因素包含两方面：一是教育者本身的教学经验、实践经验和教学方法；二是被教育者本身的生活经历和人生观取向、价值观取向以及学习侧重方向。不同的教育者有着不同的人生经验和实践经验，同一受教育者在面对不同的教育者、不同教育内容时的表现也不尽相同。当代大学校园的大学生，由于年龄的增长、所学内容水平的提高和国内外多方面的影响，其思想观念愈发多元化，这为大学校园的教育工作带来了发展机会，但也带来了诸多挑战。例如，部分学生始终以个人为中心，部分学生没有规划具体的学习方向，部分学生沉迷享乐主义，部分学生无法做到主动学习，等等。对于有以上表现的学生，大学校园在进行教育工作时要积极地保护他们、教育他们，根据其不同的身心状态、认知规律和思维意识进行针对性的教育工作。由于所处环境和学习经历的原因，很多学生比较封闭，且排斥有人对他们说教或改变他们，这就导致很多时候学生被动接受教育工作，效果甚微。由此看来，大学校园教育者在进行具体教育工作时不能太过心急，要学会分析和反思，在与学生的一次次接触中不断改进教学手段，要保证在关注教学进度的同时抓住具体机遇，循序渐进地启发学生、引导学生，让学生构建良好的身心结构，并发展各方面的素质。

做好教学管理工作是高校人才培养的一个重要方面。当代高校的学生由于受到来自社会、学校和家庭等一系列客观环境的影响，在学习目标、成才意识、学习态度、纪律意识、吃苦意识以及生活自理能力方面与过去的学生有着很大的区别。因此，对当代高校学生进行日常管理，改变他们的不良行为，帮助他们学会如何学习和生活，培养良好的行为习惯，是保证人才培养质量的关键环节。

大学校园的教育管理指的是大学校园管理工作者利用校园各种有利条件协调教育团队，发挥教育人力、教育财力、教育物力等方面的资源功能，科学高效地保证教育工作实现教学目标的具体工作。管理工作的目的是使学生具有一个良好的学习和成长的环境，维护学生的利益，保障高校能够正常运行。学生管理既包括对学生行为的管理，也包括对学生的生活、文体活动、社会工作、社会实践等方面的管理。要使管理有效进行，必须遵循相关的法律法规。依法管理不仅是科学管理的根本所在，也是法治社会实施一切管理的必然要求，对高校学生的管理也是如此。

贯彻依法管理的原则，首先要让对学生进行管理的依据合法化。高校的规章制度的制定必须依照国家的相关法律法规，不能随意更改学生的义务和权利。此外，要注意根据现实社会条件的变化及时修改现行的教育管理制度，及时废除那些不能适应社会发展和学生身心发展规律的法律法规；其次，管理者在进行管理时要以既定的规章制度为参照物，确保管理工作有法可依、有序进行，不能随意更改、主观臆断。在实际生活中，由于传统师生观念的影响，高校教师往往会独断专行，认为自己的行为都是合理的，导致管理工作的进展不顺利，大大降低了管理的效果。

（三）准确把握人才培养的关键点

大学校园想要立德树人，就要准确掌握培养人才的重点。大学校园的教育工作要坚持以学生为本的中心思想，在具体的人才培养工作中巧妙融入思想道德、科学精神，提升学生的人文素养和实践能力，尤其要提高学生的社会使命感、创新意识和能力以及解决问题的具体实践能力。

大学教育的人才培养要把提高学生的社会责任感放在首位。社会责任感指的是在特定的社会环境下，每一个社会成员对他人的心理关怀和情感伦理关怀义务，它属于道德义务的范畴。在具体的实践过程中，大学校园要强调立德树人的基本原则，向人才培养的整个工作过程中巧妙融入社会主义核心价值观，使得学生结合个人梦想与新时代"中国梦"、结合个人价值与社会价值、结合个人名义与社会命运，在学习过程中牢记向着为社会、为国家做贡献的目标发展。此外，大学校园的人才培养要注重提高学生的创新意识。大学校园要激发学生的创新意识、挖掘学生的创新潜能、培养学生的创新精神，给予学生足够的选择权和发展空间，鼓励学生的多元化发展，并为学生提供能让他们独立思考、不断探索、不断创新的学习平台，使得学生在毕业时具备足够的心理素质，以此来应对社会上的各种挑战。现如今，有些大学已经按照学生的个性化发展需求规划教学方案，并确立科学专业的实施标准，以分阶段培养的方式促进大学生发展自我。

大学人才培养的另一个重要目标是提高学生的实践能力。世间万物都是通过实践而成发展的，没有实践就没有科技如此发达的现实社会。在过往的人才培养中，实践培养比较薄弱，这也是现代人才培养工作的关键突破口。大学校园在培养人才时要想解决这个问题，就要增加学生针对学习内容的实践机会，提高实践教学在整体教育工作中的内容占比。除此之外，大学校园还要提高广大学生的实践意识，争取让学生主动参加如公益活动、志愿者活动、勤工俭学及其他等形式的社会活动；大学校园要开展有针对性的校企合作，为学生增加实践机会；大学校园也可以就学生的实践能力建设实地培训基地、构建校外实践组织，并进一步完善学生实践相关的规定和政策，从而鼓励校外企业在结合校内具体情况的基础上为学生提供实践平台。

（四）改革人才培养的体制机制

创新人才的培养，仅有科学的教育理念和关键环节还远远不够，还要有不断变革的体制机制做保障。首先，要促进高校教学模式的改革。本科教学以质量标准建设为基础，是高校教育工作中的基础。目前的本科教育中还存在一系列的问题。高校管理者要将本科教学置于重要的地位，并将精力集中到质量的提升上，带头进行调查和研究，定期召开工作会议，解决高校教育工作中的重难点问题。高校的教育者要不断改进教育教学方式，尝试进行小班教学，采用参与式、探究式、启发式、讨论式教学，在教育教学的过程中鼓励学生进行创造性思维。教师要经常运用互动式教学方法，增强与学生的交流和沟通。推动信息技术在教学中的普及运用，增强学生使用先进技术的能力。教育部通过建立国家、地方和高校三结合的体系，指导各地高校进行专业建设、课程建设，加大本科教学的教育投入，着力提高教学水平。促进培养机制的改革，以分类理念推进高校教育的综合实力提高，不同类型的人才培养应该使用不同的教学模式。针对研究生教育，促进学生创新能力的提高，妥善安排研究生和博士的培养工作，将学科学习与科研训练结合在一起，促进多学科的融合，提高教学评价的水平。对于专业学位研究生，应着重培养他们的职业能力，加强教学实践，建立一批专业化的教师队伍。创新人才的培养不足是我国高校教育的突出问题，这个问题的解决需要长时间的努力。创新人才的培养需要特殊的培养通道和特殊的培养方法，高校要注意因材施教，加强人才的国际化培养。对具备特长和潜能的学生，可以实行导师制、小班教学、个性化教学，让他们尽早加入科学研究的行列，为科学研究做出贡献。最后，要完善育人机制。高层次的科学研究和高层次人才培养是互相促进、互为基础的。科技创新水平的提高，离不开高层次的人才培养，否则将变为一纸空谈；创新人才的培养，离不开高层次的科学研究，否则将变为空中楼阁。

除此之外，大学校园还要为广大学生的人才培养吸引各方社会资源的投入，积极探索培养人才的新途径，并要注意在具体教学工作中融入科学研究，将事务部门和人才培养的工作紧密结合在一起，发挥其各自的优点长处，进而提高人才培养的效益。大学校园要构建校园与校外科研基地、政府部门、相关企事业单位的合作联盟，发挥各方资源的共享优势，甚至可以尝试与这些社会资源部门合办学校，共同完成人才培养工作。

三、大学校园人才培养的模式

在马克思主义哲学理解中，人的全面发展指的是人在体力、智力等方面充分、自由而又和谐的发展，并结合现实中形形色色的人和现实中的生产关系，寻求全面发展的条件、环境和方法。大学校园想要实现学生的全面发展，就要兼顾学生在德、智、体、美、劳等多个方面的协调发展，让学生的个性发展没有拘束，以此来为社会培养新时代的高素质人才。

（一）大学校园要培养身心和谐发展的学生

1. 身体和谐的概念

人类的身体可以被视为一个"小宇宙"，其结构非常复杂，其中，身体和谐是最主要的基础。一直以来，我国的传统教育将身体健康和心理健康视作衡量学生好坏的重要价值标准。素质教育要求教育工作必须面向社会主义现代化，必须结合具体的生产劳动来培养学生德、智、体、美、劳各方面的发展，同时也要求教育工作要重视学生的生理和心理的健康发展。

一个人如果能保证生理和谐，那么他的身体素质也会相对良好。身体素质指的是一个人在活动时所发挥出来的速度、力量、耐力、灵敏度和柔韧度等方面的生理机能，它是一个人身体强弱的外在表现。拥有良好的身体素质是一个人进行生产劳动、参与各项社会活动的前提，也是发展各方面素质的保障。良好的身体素质可以产生巨大的能量，也是人体各个器官、各个肢体进行各项高效率工作的保障。根据人类的生物进化历程，我们可以发现人类肢体上的活动和功能上的进化推动了大脑的进化。但即便在科技时代，各种高科技产物和人类本身的智能发挥着越来越重要的作用，但仍然没有发现可以替代身体素质的科技产物。第一，人的生产活动、社会活动、学习活动等都需要人类亲身参与。第二，良好的身体素质可以促进心理素质的提升，它时刻体现着一个人的心理机能。身体素质概念中的肢体活动可以为大脑提供氧气，促进脑体内核糖核酸的分泌，进而促进大脑的开发，提高大脑机能、改善身体活动效果。此外，良好的身体素质可以支持高效的身体活动，进而带动心理器官、神经系统的发育，提高身体技能水平。第三，良好的身体素质能够保证人类肢体进行复杂活动，让人类准确捕捉信息、提高意志，并为人类创造愉悦心情和乐观品格，从而促进人类综合素质的提高。

2. 心理和谐的概念

人体是一个复杂的系统，由生理与心理、社会与环境等多方面因素综合作用而形成。心理素质以自然素质为基础，在后天环境、教育、实践活动等因素的相互作用下逐步形成，是人类整体素质的重要组成部分。心理素质是先天和后天的有机组合。心理素质包含认知能力、兴趣、需要、动机意志、情感、性格等智力及非智力因素。这些心理素质具体到日常生活中，表现为人的情感状态、承受挫折的能力、独立行动的能力、自信心、健康的人格状态等。心理的和谐发展表现在这些方面的良好状态，以及与环境、社会和人自身发展的关系。

心理的和谐，首先表现为具有保持心理健康的能力。心理健康是现代人健康不可分割的重要部分。人的生理健康标准不同，心理健康也有不同的标准。一些专家学者表明，心理健康的内涵指的是心理的各个层面和活动表现处于一种相对稳定的良好状态。理想化的心理健康状态是性格趋于完美、智力保持正常、认知保持正确、情感表现合理、态度表现积极、行为表现合理、整体心理状态不易发生波动。

心理和谐的第二个方面在于能够合理化解不同压力。随着整个社会的不断变迁以及生活节奏的加快，竞争日趋激烈，人们生活的稳定性和安全性降低，利益的均衡性被不断打破，导致了人类生理和心理发展的失衡。在这种社会背景下，很多人表现出了消极的意志，如焦虑不安、理性自控能力减弱、感情易冲动、行为失范、产生身体疾病等。在高校中也如此，科技的快速发展和经济竞争的日益激烈，使大多数教师处于高度紧张的状态之下，从而导致精神疲惫、身心劳累。而心理和谐的人就能够在应对这些状况时保持一种淡然的心态，以平和的姿态面对快速变化的环境。

心理和谐的第三个具体表现，是拥有优良的个性心理倾向、主动的自我意识、优良的性格特征和独立主体的意识。个性心理倾向又称为个性的动力结构，是构成一个人的心理和行为的动力系统，主要包括动机、需要、兴趣、信念、理想、人生观和世界观等心理成分，对个性的形成和发展起着一定的调节作用。

需要引发动机。针对需要所产生的特殊心理状态和特殊意愿，其内在条件是需要本身，外在条件是各种诱因。而兴趣的基础就是需要，兴趣本身具有稳定、有倾向性、具备广度、能产生效能等多个品质特点。需要是一个人产生心理活动的基本动力，是个体对生理和社会的需求在人脑中的反应，人不仅有最基本的物质需求，还有多种精神需求。

信念是意志行动的基础，是个体的动机目标与其长远目标的相互统一，没有信念就产生不了意志，更不会产生积极主动的行为。

理想是对未来事物的想象和希冀，是人们的世界观、人生观和价值观的集中体现，它是人们在实践的过程中形成的、有实现可能的、对未来社会与自身发展的向往与追求。

人生观指人们对人生目的和意义的根本看法，主要通过人生目的、人生态度和人生价值三个方面具体体现，它不仅决定着人们实践活动和行为的目标、人生道路的方向，还决定着人们的价值取向以及对待生活的态度。

世界观是指人们对世界的基本看法和观点，具有实践性，人的世界观不是静止不变的，而是不断更新、不断变化、不断完善的。

主体性指的是人在具体实践过程中所发挥的作用、表现出来的能力及拥有的地位。换句话说，主体性代表人有计划、有目的地进行主动、自由活动时所展现出来的特性，它是市场经济对人心理素质的高要求的体现，也是人们在当今时代所突出的特点。大学生是自己生活和学习的主宰者，是进行各类活动的主体，要激发自己各方面的主观能动性，主动管理学习操作和日常生活，明确专属自身的发展规划，发掘自身所长，进而提高自身素质。

在不同个体从事具体的实践过程的表现中，比较稳定的成分就是不同人的心理特征，包括能力、气质、性格及其他等多方面内容。大学生要培养积极向上的人生态度，使自己具备优秀意志品质、优秀情感品质。优秀的情感品质也可被视为优秀的情感特征，包括稳定适度的表现和充满活力的朝气，这些能促进大学生的身心健康和智力提高，同时也有利于改善大学生自身的智力水平和实践效益，使得他们能在具体活动中进行正确选择。良好的意志品质也可被视作性格中的意志特点，指的是大学生个体调节内心活动所表现出来的心理特征，包括果断性、自制力、自觉性、坚决性、主动性等多方面内容。其中，自制力能够让人主动地、自觉地控制行为和情绪，及时阻止自身做出违背既定目标方向的各种动机、想法，也帮助人自我激励，并作出正确决定；自觉性指的是一个人自觉自主的任务执行度或目标完成度，从内在角度看，它是一个人的自觉意识和责任心，其外在表现为兴趣爱好和执行热情；果断性能够帮助人们根据所处环境快速分析并及时做出合理判断，拥有优秀果断性的品质可以让人在具体工作中及时、准确地思考，并准确估算各种抉择所带来的后果；坚韧性能让人们拥有顽强意志和坚韧不拔的品格，帮助人们在执行任务过程中勇敢克服各种困难，不被各种因素干扰、诱惑，及时又高效地完成既定目标任务。

除此之外，大学生还要培养自身热爱生活、享受生活、活泼开朗、乐观向上的品格。大学生拥有这种品格，就能保持身心健康，坦然面对日常生活中的各种突发情况，及时适应周围环境的突发变化，并维持高效率的工作状态；自我意识能帮助人提高社会意识和学习协同性、主观能动性，其在结构上分为知、情、意三种层次，可以帮助人协调自身心理状态，合理维持人的身心健康与外界环境的平衡。一个人的自我意识是在其先天条件基础上通过后天的环境所塑造而成的，积极的自我意识能让人主动发展自身各方面素质，它也属于心理和谐的范畴。

3. 身心的共同和谐

高校学生的身心和谐不仅表现为动手能力与动脑能力的和谐，也表现为智慧操作与技能操作的和谐，还表现为身体机能与心理机能的和谐。人的身心和谐，是指一个人身体健康、知识渊博、人格完善、能力全面，应该包括生理和心理的和谐两个方面，并在这两者之间达到一种平衡、协调、整体互动的状态。无论是高校、教育者还是大学生，在进行评价时，都应把能力作为衡量身心和谐发展的重要标准。其中，智力和能力一直为人们所关注。

值得一提的是，培养创新型人才是高校人才培养的重要目标之一，在其中，智能发挥着巨大作用。创新素质是指人在先天因素的基础上通过后天环境和教育的影响所获得的在创新活动中具备的基本心理品质与特征。

创新意识首先属于一种怀疑的意识，不迷信任何传统；其次，它是一种不安于现状的精神意识，创新意识让人们试图找出更好的解决问题的理论和方法；再次，创新意识就是一种好奇心，指面对未知的事物保持一种强烈的探求欲望；最后，就思维方式而言，创新意识属于发散式的思维习惯，指人们遇到问题时善于从不同角度、不同方面进行反复尝试。

创造能力包括两个方面，第一个方面是指发现和解决问题的能力，第二个方面是实践的能力。发现问题和解决问题的前提是具有丰富的想象力，大胆提出可能存在的所有问题，并极力设想解决问题的最佳途径。在提出问题和解决问题的方法之后，就要用逻辑思维能力对这些问题进行严密的逻辑论证，挑选出最关键的问题以及最佳的解决方案。在问题已经确定、方法已经找到之后，就要进行实践，通过实际的操作，将解决问题的方法逐一进行实践。由此可见，智能素质是人的创造意识和创造能力的基础。高校学生智能素质的提高关键在于创新素质的培养。

人才培养要以创新素质为核心，培养和提升高校学生的智力和能力水平，使他们具备较强的创新能力、适应能力以及研究拓展能力，以便更好地为知识经济服务。在知识经济时代的市场带头人应具备七种基本素质：扎实的知识基础，突出的创造才能；对市场发展方向具有敏锐的洞察力和判断力；具有经济头脑，对当前以及未来的市场需求极其敏感；善于学习，不断从行业和市场中汲取能量，设计出让消费者满意的产品；拥有锲而不舍的决心和持之以恒的毅力；能够团结和带领一支队伍。这些素质都要以高水平的智能素质为基础。

知识经济的发展，意味着人类正在逐渐迈入以知识储备为依托的经济时代。知识经济所带来的影响将决定着全球经济的力量。在未来的发展中，知识将是最重要的经济因素，推动社会生产中的诸多劳动形式向以智力为主的方向发展。知识的生产必须依靠人脑的力量，而人脑是智力的主要载体。未来的国际竞争演化为人脑智能开发的竞争，各国都非常重视智力的发展。近些年来，各国对大脑的研究投入逐渐加大，并不断取得新成果。我国高校也应将人脑开发作为人才培养的一项长期任务。

（二）大学校园要培养人际关系协调的学生

人际关系是指人们在生产和生活的过程中逐渐建立的一种社会关系。这种关系会影响人的心理，在人的心理上形成一定的距离感，具体表现在人与人交往中关系的亲密性、深刻性、协调性、融洽性等心理方面。高校中的主要人际关系有师生关系和同学关系。师生关系指教师和学生在教育、教学过程中形成的相互关系，包括彼此的地位、作用和相互态度等。它是一种较为特殊的社会关系和人际关系，是高校教师和学生为实现教育目的，根据各自独特的身份和地位通过教学活动而形成的多层次、多质性的关系体系。师生关系与师生间的共同需要、意愿、个性特征等有着密切的联系，尤其是教师的工作作风对师生关系有着重要影响。同学关系的内涵比较丰富，既包括正式的同志关系、学习关系、领导和被领导的关系，也包括非正式的志趣相投、心理相容的同伴关系以及相互排斥的竞争关系。

1.和谐的人际关系能发挥极大促进作用

（1）和谐的人际关系能让学生获取更多信息

对于学生来说，课本教学知识比较有限，尤其在现代社会，各种新信息不断更新，课本知识就更显匮乏。建立和谐的人际关系，可以让学生及时、多途径地获取所需信息，学生本身也因人际交往圈子的扩大而产生更多学习想法、获取更多学习资源，进而提高学习效果。

（2）和谐的人际关系能让学生了解自身和其他人

自我认知就是自我意识，指的是一个人对自身身心状态的观察、对自己所有情况的掌握度。学生的自我意识并非自然形成，而是在各种外界因素的干扰，与人交流、适应环境等影响下慢慢孕育成形的。首先，学生在与其他人交流的过程中发掘自身与他人各方面的相通之处，并根据他人所具有的长处和优点来弥补自身缺陷；其次，学生也能根据他人对自己的评价来及时调整自己，更加深刻地了解自身情况。

（3）和谐的人际关系能让学生拥有更多锻炼自我的机会

在人们的潜意识中，总是希望别人接触自己、了解自己并充分信任自己。一个人扩大交际圈，可以让更多人接触自己、了解自己、信任自己。同样的，大学生要扩大自己的交际圈子，接触更多不同类型的人，并借此机会进行更多的自我表现。

（4）和谐的人际关系能让学生成为合格的社会成员

在学生的各种人际交往活动中，同伴交往十分重要。同伴交往能让学生和他人在平等基础上进行交往，学生也能因此发现自己与他人在言行举止、性格品质方面的共同点，进而提高这方面的素质。在这种操作的不断重复中，学生会越来越快地调整自我并构造积极向上的自我认可。

（5）和谐的人际关系能让学生完善身心健康

与其他层次的人一样，大学生也需要适度的交往活动。大学生能够通过交往活动获得安全感、归属感，如果大学生没有进行及时、足够的交往活动，就会产生如抑郁、不安的各种负面心理情绪，进而导致诸多问题出现，这不利于大学生的身心健康发展。

2. 实现人际关系协调的具体方法

（1）协调自身人际认知

人的认知指的是一个人在与别人进行交流的过程中，根据交流对象的外在行为表现来判断交流对象的性格特征和心理状态，它是构建人际心理关系的前提。进行交流活动的双方建立合理正确的交往认知，能够促进良好人际关系的构建。大学生在建立人际关系认知时，要做到公平公正，不能带有成见，既要发现交往对象的优点，也不能忽略他们的性格缺陷；在对交往活动进行评价时，要对交往对象做出更多积极向上的评价，而更少地做负面评价。符合实际、公平合理的评价标准能够让交往对象更加肯定自己、认可自己，也增加人们对交往对象的交往信心，以此来建立良好的交往认知管理，并实现长期稳定关系的维持。当出现认知经验、价值观有所区别导致认知不协调的情况时，大学生首先要换位思考，站在对方角度设身处地地思考问题，以此来进行自我认知，提高自身各方面素质。

（2）协调自身人际情感

情感属于态度，并与态度中的内向感受互相协同，态度在生理方面稳定而复杂的生理体验的具体体现就是情感。参与交往活动的双方，在进行交往时会发生情感上的互相作用、互相影响，一方的情感和行为会对另一方产生一定的影响，也会让对方产生相应的情感体验。当一方流露出真情实感时，另一方会接收到这些情感信息，并会分析其行为、认同其做法，让情感流露方产生信任和依赖，双方的关系就会变得更加稳固和谐，这可以提高双方的综合素养。反之，学生之间的紧张关系或者恶性关系会阻碍他们在身心健康上的发展。大学生之间，情感的突出表现是竞争合作、互相吸引、互相排斥。大学生之间的竞争指的是他们发挥自己的各种潜能，按照一定的标准通过各种努力超越其他人；大学生之间的合作指的是学生和其他同学为同一目标而互相帮助、互相扶持，最终共同完成任务；大学生之间的人际吸引指的是大学生和其他人之间产生情感上的需要、依赖甚至相互爱慕的情况，这对于人际交往关系起到肯定作用，并根据程度的不同划分为亲近、喜欢、不可缺少；大学生之间的排斥指的是大学生与其他人产生对立、疏远甚至互相敌视的情况，其主要特点表现为感情冲突、认知失调、行动互斥等。

（3）协调自身人际交往

人际交往又称为人际沟通，指个体借助语言、文字、肢体动作或者表情等手段将有效信息传达给其他个体的过程。协调的人际交往首先要具备一定的交往品质。高校学生应注重培养四种交往品质：一是待人亲切温和。在与人交往的过程中，温和很重要。"和"的具体内涵包括：为人和蔼、说话和气、和睦相处，与人交往要和颜悦色，有意见时要心平气和地讲出原因。亲切温和的态度主要通过言语、面部表情以及对别人的热情关心等方面表现出来。只有为他人着想，与他人一起分享快乐和痛苦、成功与失败，才能获得真正的友谊。二是宽容豁达。这表现在能够听取来自不同群体的意见，包括相反的意见，能够容忍他人的过错，能够原谅他人的错误，做到不计前嫌，还表现在能够虚心接受别人的批评，发现错误及时改正。对小事不斤斤计较，不耿耿于怀。三是诚实正直。诚实是指真实地表达主体所拥有信息的行为，正直是指与人相处时坦诚以待，没有隐瞒。敢于伸张正义，同不良现象做斗争。诚实正直能够带来尊重、信任、钦佩和友谊。反过来，如果一个人不怀好意、心术不正，就不会赢得大家的尊重。四是忍让克制。生活在这个日新月异的社会，我们应该学会适应社会，而不能要求社会为自己改变。一个人若不尊重别人的想法、一意孤行，这在人际交往中是不可行的。忍让和克制是人人应该必备的修养。高校学生在与人交往的过程中要有一定的克制力，不能被不良事物所影响。和谐的人际交往还要求高校学生掌握相应交往技能。与人相处需要具备一些基本的技巧，这些技巧通过交往的实践才能掌握。第一是倾听的技巧。倾听是实现有效沟通的最佳选择，善于倾听才能达到思想感情的通畅。善于倾听他人意见的人也能更好地处理人际关系。倾听他人意见时，要耐心、虚心，并主动反馈，给予其答复。第二是与人交谈的技巧。交谈是人与人之间、人与群体之间思想与感情的传递和反馈的过程，以求思想达成一致和感情的通畅。在人际交往的过程中，与人交谈时，要能够意识到双方的地位和角色，意识到言语双方的合作性。也就是说，要清楚自己的责任不仅仅是要表达清楚心里的想法，还要兼顾通过何种方式交谈才能引起对方的兴趣。谈话时，要表达清楚自己的意见，并主动根据对方的反应来调节自己的谈话内容和谈话方式。交谈时要注意选择合适的话题和谈话的方式，同时还要注意话题的转移以及交谈时的一些细节问题。

（三）大学校园要培养与群体协调的学生

1. 学生和群体之间互相统一

社会属性是人的根本属性。大学生虽然身处校园中，但也是社会中的一员，也会受到社会各方面的影响。大学生对群体产生作用和影响，其前提基础是大学生要充分分析自己与群体间的关系复杂度。第一，大学生要清楚群体的教育方法，努力让群体决策成为群体教育的实现基础。大学生受群体中的规章制度、行为规范的约束，如果群体的这些制度规范仅仅由少数人参与制定，那么这些制度规范的可信度会不够高，效果自然也上不去。所以，群体规章制度需要群体共同决策。其中，群体决策是一门历史悠久、颇具应用价值的学问，它可以让群体充分掌握每个成员的兴趣爱好，并针对同一事件对群体的建议方法合理排序、从优挑选。群体决策是一种十分常用的决策手段，在具体的工作过程中能起到重要作用，群体之间互相讨论，每个成员都可以发表自己的意见，做出自己的一份贡献，同时也可以共同研究解决问题的策略。此外，群体决策往往由大家共同商讨而成，可信度高。很多大学校园的具体教育体制的规章制度都仅由管理工作者决定，并没有大学生的参与，大学生往往被动接受这些规章制度，按照自己尚未成熟的经验和学识加以理解，效果比较差。这种做法严重削弱了大学生的学习主动性，相应的规章制度也不能让教学工作产生很好的教育效果。大学时期的学生，在知识储备、生活经验等方面都有局限性。针对这一点，大学教师要主动、积极地引导大学生，将学生的个人决策与群体决策科学结合在一起，发挥教育工作规章制度应有的作用。第二，大学校园要保证教育群体的凝聚力。群体凝聚力也叫群体内聚力，指的是结合群体本身的吸引力、群体成员的向心力、群体成员之间的关系亲密度，让群体成员固守于群体内部的一种力量。大学校园想要发挥群体的教育效益，就要保证让学生主动参与到群体之中，让学生以群体为主，保证大学生参与群体的热情。如果大学校园教育群体具备较高的凝聚力、较好的舆论和较为优秀的群体作风，其规章制度就可以有效约束大学生，进而提升整体教育工作的效果。

2. 学生在群体中的相对独立性

人不是被动的接受者，而是具有主观能动性的主体。高校应该培养学生成为在群体中能够保持独立人格和独立思想的人。现代科技的发展促成了网络的产生，网络时代给当代大学生提出了新的要求。网络社会主要具有三个特点：一是开放的信息。网络社会给人类提供了广阔的交流空间，在这个空间中信息得以流通，组建成一个宽阔的信息空间。网络中信息的开放对学生的影响既有积极层面又有消极层面，它能够培养学生的交流能力，也可能导致他们受到不良信息的侵害。二是空间的虚拟性。网络社会是以虚拟技术为核心的虚拟社会，人与人之间的交往是虚拟的，由符号组成，人的行为也具有了虚拟的特点。三是交往的广泛性。网络社会具有分散式的结构，没有中心，也没有层次。与现实社会相比较，网络社会具有更为广阔的空间。在这一广阔空间中，人与人的交往更容易实现，既能够与一个人联系，也能够同时与多人进行沟通。交往具有普遍性，每一成员都能广泛地加入社会生活。

大学校园想要应对新时代的各种社会挑战，就不能仅仅让学生依靠自身力量进行学习，校园本身也要承担相应的义务。为此，大学校园要转变教育理念，推进素质教育，可以参考以下几点：首先，增强教育开放性。事实证明，单纯的书本教育已经无法适应社会的发展，大学校园要充分利用互联网资源和技术，不断创新教育的教学方法；其次，大学校园要转变教育模式，在培养学生理论知识的同时培养学生的自主判断力和实践能力；最后，要进一步强调教学工作中的自律性，让教师引导学生自主筛选网络信息和资源，从容应对互联网的各种负面影响。

第三节 大学校园的高素质教师队伍建设

一、大学校园教师队伍的概述

（一）大学校园教师队伍的内涵

大学教师是大学校园教育工作的主体，拥有高水准教师队伍是一所大学体现高水平教育的必要要求。放眼世界，一流大学都拥有顶尖的教师和各个行业领域顶尖的专家教授，其中不乏诺贝尔奖获得者和世界公认的权威专家。伴随教育体制改革工作的推进，我国各个大学的教师队伍建设工作进入新一轮发展时期，而教师队伍优化内部结构能够提高广大教师的整体水平。教师队伍的内部结构体现为教师的年龄结构、学历结构、职务结构、专业结构、教师教学智力架构等。教师队伍结构的合理性可以提高大学校园的教育质量，同时也能保证大学校园培养出高水平、高素质的综合型人才。

有相关研究表明，在当下社会发展阶段，大学校园的教师队伍结构呈现出"梯队"状态，一些学者还预计未来教师队伍建设对教育工作产生什么样的影响。大学校园的教师队伍中，男女教师在人文学科类的比例大概是 1 ∶ 2，在理工类的比例大概为 3 ∶ 1；在年龄层面，老中青教师的比例大概为 1 ∶ 2 ∶ 2，这在梯队结构上比较合理；本科院校的教师学历普遍达到研究生及以上。大学教师应该具备优秀的思想道德职业素养、积极主动的工作热情、博学多才的教育知识结构和优秀的教学能力以及高水平的创新能力，能够处理当下社会的各种信息并进行相关的科研工作。

（二）大学校园教师队伍的特征

对于不同类型、不同层次的学校来说，教师队伍的整体状态以及他们所表现出来的特征是不同的，但是，教师作为一个职业群体在社会组织成员中扮演的角色内涵是相通的，我们将其归纳为五个基本特征。

1. 高尚的精神追求

大学校园能够保证教育工作的可持续发展，不单单靠硬件设施，也靠校园的整体精神，尤其是富有高教学水平、高积极创新能力的教师队伍。例如，抗日战争时期，西南联合大学的教师就富有饱满的精神财富，他们向世人证明教师是"无产者"。教师要追求高尚的精神境界，要把优秀的职业道德当作整个工作生涯的目标信仰。不论大学教师、中学教师，还是小学教师，都要始终追寻"爱国守法、爱岗敬业、关爱学生、教书育人、为人师表、终身学习"的教育理念。由此可见，优秀的教师队伍必须具备崇高的精神追求，为社会做出应有的贡献。

2. 精诚合作的意识追求

大学校园教育活动中，教师是教育工作的实施者和协作者，在课程教学和学术研究中都要凝聚自身力量，积极与他人合作，以此来加强教学工作的效果。在教育的基础阶段，教师背负着繁杂的教学规划任务，需要与其他教师密切配合，通过教研组的凝聚操作来强化教师团队的整体水平，合理科学地优化教育设备、提高教育资源的利用率；相对于教育的基础阶段，高等教育的教学内容更多、教学内容更加专业，且教育领域和教育方向更加分散。但即便如此，高等教育的教师团队往往具备更加专业的素质，教师之间更加注重密切合作、协同研究、共享资源。所以，大学教师团队要强调教师之间的合作，以此来进一步促进教育水平的提高。

3. 高超的学术意识追求

教师学术水平的高低往往体现为其学术意识的高低。学术意识指的是教师引导学生学习，同时也研究教学课程。教师必须具备创新意识，努力钻研教材，敢于突破常规来创新教学手段，从而激发学生的学习主动性，培养出高素质综合型人才。

大学校园教师应牢记以教学为主、以学生为主，不能忽视对教学方法和教学内容的科学研究。教学与教研互相依存、互相提升，大学校园应鼓励教师同时发展教学水平和科研能力。好的教师不仅能教书育人，还能参与教育科研工作，能总结并反思自身教学成果，并探索、创新教育理念和教育途径。

4. 学习热情的终身追求

师者，传道授业解惑也。知识社会对高校教师职业提出了更高要求，高校教师要想跟上知识更新的速度，站在学科和学术研究的前沿，就必须树立终身学习理念，不断补充新的知识，才能把最前沿的科学文化知识教授给学生。终身学习，不仅需要教师不断地更新知识，还要学会更新教学方法和手段。"MOOC"网络在线教育的课程已应用于世界许多国家的高等教育中，信息化时代所倡导的课堂教学多媒体化和以学生为中心的课堂翻转教学模式等都要求教师不断接受新生事物，不断更新知识和教学方法。

二、高校教师队伍职业规范

（一）高校教师职业道德规范

职业道德可以从广义和狭义两个角度看。从广义角度看，职业道德指的是某行业的从业人员在其具体工作中遵循一定的行为标准，整个标准包括从业人员和服务对象、职业和职业的关系、职业和从业人员关系的标准；从狭义角度看，职业道德指的是某行业的从业人员在具体工作过程中应体现一定的职业特点，应遵循特定的职业行规，并按照职业标准及时调整自身的职业行为。职业道德要求从业人员在具体工作过程中遵循特定行为规范，承担职业所要求的社会道德责任和社会义务。在具体的职业过程中，不同职业的从业人员之间存在着一定的职业关系、职业利益、职业活动范围和职业方式，各行合约根据这些要素形成特定的道德规范。

1.爱国守法

爱国守法是大学教师必须具备的政治素养，也是对我国每一位公民各方面素质的基础要求。"爱国守法"中的"爱国"要求所有教师"热爱祖国、热爱人民、拥护中国共产党领导，拥护中国特色社会主义制度"；"爱国守法"中的"守法"要求教师遵守宪法以及其他相关法律法规，坚持不懈地贯彻党和国家的教育方针，依法履行教师行业的职业道德，坚定不移地维护社会稳定和校园各方面的和谐，不得做出有损国家利益和有损学生身心健康的言行举止，要坚持"依法执教"。"依法执教"要求所有教师根据相关法律法规来履行教书育人的职责和义务，教师的教学行为要时刻保持在法律法规要求的范围内，教师也要熟练运用法律法规维护自身权益。

2.敬业爱生

教师行业是富有社会美誉度的行业，教育事业是富有社会关注度的事业。教育水平的提升带动人类社会的进步和发展，而教育发展的核心力量由每一个教师对岗位的热情、敬仰所组成。教师要敬业，要始终忠诚于教育事业，并树立远大的职业目标，坚定不移地以培养人才、科学研究、服务社会、传承文化、创新教育等方面的任务为己任，要做到终身学习和刻苦钻研，始终恪尽职守，主动奉献；教师要爱生，要发自内心地关爱学生，公平、公正地对待每一个学生，并要做到严格要求学生，力求做学生的良师益友，不能对学生的合法权益造成负面影响。大学教师不能根据成绩来区别对待学生，无论学生属于什么院系、什么专业，教师都要尊重其尊严和人格，以公平、公正的原则评价学生的学业成绩；此外，教师要耐心为学生解答各种疑惑，不能歧视学生、讽刺学生，更不能对学生实施体罚或变相体罚，要保护学生的人身安全和合法权益，通过自身努力促进学生全方面发展。

3. 教书育人

教书，是教师的本分，育人，是教师的天职。自古以来，教书育人是人们对教师的讴歌和赞美，从而也奠定了教师职业形象的崇高与伟大。一个优秀的教师不仅仅是把书教好，而是通过教书的过程把受教育者培育成为对社会、对人类有用的公民，这也是教师的政治素养的体现。从育人的政治高度来看，教师必须坚持育人为本，立德树人，把育人作为教师的根本职责；遵循教育规律，实施素质教育，改变传统的教育观念和学习方式，让学生从被动的学习模式中解放出来成为学习的主导者；注重学思结合，知行合一，因材施教，不断提高教育质量；从教书的和谐性来看，教师作为尊长，与学生的关系需要建立在和谐相处的环境中，因此，要求教师严慈相济，教学相长，诲人不倦，并学会向学生学习现代信息科学和其他科学知识；要尊重学生个性，促进学生全面发展，一个优秀的教师从来都是尽自己最大的努力满足学生的学习需求。

4. 严谨治学

“严谨治学”中的“严谨”，指的是教师在教学工作中要一丝不苟、务实求真、不人云亦云、不随波逐流，要求教师在当今社会的学术环境中从容面对各种诱惑，保持洁身自好、不追风、不赶潮流的科学品质和教学态度；“严谨治学”中的“治学”，指的是教师要有精神追求和思想寄托，要不断探索创新，不断加深对学术自由、科学真理、人文真谛的探究和挖掘。它属于一种大学文化，要求大学教师具备严谨学风、渊博学识和优秀作品。当今社会的严谨治学，要求教师能够发扬科学文化、勇于探索创新、及时修正错误并精益求精，力求让自己成为各个专业的顶尖人才；同时要求教师能够实事求是地处理教学问题，能够实施民主化教学、秉持学术良知、恪守教学规范；又要求教师之间要团结协作、共同创新，进而共同取得新的学术成就；还要求教师要时刻维护自身的学术自由和学术尊严，始终诚实守信，切忌心浮气躁，始终抵制破坏教育的不良做法。

5. 服务社会

20 世纪 20 年代，著名教育家陶行知曾提出"社会即学校"的教育理念，倡导大学校园结合社会各方力量，创办为人民服务的学校，并培养为社会服务的人才，这一理念伴随时间推移逐渐深入人心。现如今，我国已位列世界高等教育大国，这更加要求我国各个高校的大学教师以宽阔胸襟面向社会，为社会进步和科技发展做出贡献。由此可知，大学教师要勇于承担社会义务和社会责任，进一步服务于国家的富强和民族的振兴，主动引领时代进步；大学教师还要继承和发扬我国优秀文化，为社会推广科学知识，主动成为文化的传播者；大学教师要对公益活动满怀热情，引导社会各界人士为人民服务；大学教师要提高社会实践的主动性，积极提升自身专业素质，以此推动社会创新的步伐。在具体的社会实践活动中，大学教师要时刻秉持严谨治学的原则和崇高的学术道德，坚决规避滥用教育资源、滥用学术影响的行为，不做损害社会进步的"文化败类"。

6. 为人师表

教师是直击人类心灵的工程师。"为人师表"要求教师身先士卒，主动引导学生，成为广大学生的学习榜样，其主要内容为"学为人师，行为世范"。教师要学会淡泊名利、志存高远，不因眼前利益而放弃人格，也不能因权势诱惑而随波逐流；大学教师要树立良好的教风和学风，也要具备高尚的师德和崇高的人格魅力，以此来感染学生、影响学生，争做学生心中最喜爱的老师；大学教师要遵守社会公德，以楷模的姿态维护社会正义和社会秩序平稳；进而引领时代作风；大学教师要保证自己的言行举止儒雅文明，时刻提高自身的文化修养，从而做到自尊自律、清廉从教，从自身做起，不去利用职责权力和人脉关系来徇私舞弊，并且要主动、自觉地抵制损害教师形象的种种行为。

（二）高校教师职业发展要求

1. 学科专业理论基础

首先，高等学校教师应具备某一学科门类的专业知识，尤其是具有博士学位的高学历者，其学科专业的理论基础应当更加坚实。然而，事实并非如此。一些号称教学名师、博士生导师的教授虽然算得上精通自己的学科专业理论，但是最基本的知识特别是一些应用性的知识掌握却不及一个高中生。高校教师的主要工作是教学，这就要求教师对本门学科专业知识的掌握应当更完整、更系统、更扎实。其次，高等学校教师应当具有丰富的相关学科知识。教师的教学活动不能局限在一门学科专业知识范围内。高校学分制改革，使得来自不同学科专业的学生选读教师教授的课程，甚至要求教师与学生协同创新，参与社会实践活动。大学校园教师所面对的是一群知识来源广泛、满怀求知欲的年轻学子，他们对于科学知识有着各种问题和想法。有时候，他们的问题会远远超出某些专业的知识范畴，甚至会超越当下学术界的知识水平。此时，教师不能拒绝回答学生的这类问题，要通过多种手段积极为学生解答疑惑。

2. 教育科学理论基础

大学教师要掌握足够的教育学知识，如教育哲学、教育社会学、普通教育学以及教育科学研究等多方面的教育知识，也要具备足够的心理学知识，如普通心理学、发展心理学、教育心理学、社会心理学等方面的心理学知识。以上教育学知识和心理学知识相互关联又各自独立，教师要合理内化这些知识，从而提升自身的教学效益。

3. 专业技能和实践性知识

专业技术水平和知识应用能力是衡量大学校园教师整体教学水平的重要标准。部分应用技术型高校和高等职业院校已经将应用技术资格和知识应用能力作为评价教师队伍的主要指标。一些专家、学者倡导现如今的专业教师要同时具备科学文化知识、学科专业知识和教育专业知识、具体实践性知识。实践性知识指的是教师在面对理论知识应用时能进行一定的实践教学操作，在这种教学中展现出对知识的积累和运用。由此可知，大学校园教师要加强对专业知识的积累，更要加强对这些专业知识的应用实践，从而让自己的教学内容更加丰富实用。

三、大学校园教师队伍建设的策略

（一）大学校园要优化教师队伍结构

大学校园要促进教师队伍的规模建设，以利于教师可持续发展为原则，优化大学教师团队的队伍结构，提升教师的潜能。从年龄结构角度看，大学教师要保证老中青教师之间的相互配合以及教师团队的后备人力资源；从学历结构角度，大学校园要加大高学历教师在整个教师团队中的占比，弥补一些本科教本科生、专科教专科生的教育缺陷；从职务结构方面，大学校园要根据不同学科、不同专业的教学内容来确定各级教师的职务分配，酌情增加高级职务所占比例；从专业结构和教师来源角度，大学校园要以实际情况为依据统筹规划，合理安排教师团队的结构，使得教师团队适应当下需要并切实互补，及时调整外校毕业教师在教师队伍中的占比。

（二）大学校园要完善培训进修机制

大学校园要结合大学教师的资格培训和岗位培训以及业务培训、思想政治素质培训，以此来为教师提高合格的岗位服务和培训服务。换句话说，大学校园要按照教师的职务要求和职责规范来制订教师的政治培训内容和业务培训内容，要采取多种手段对各级教师进行相关培训，使他们具备胜任所在岗位的职责；大学校园还要结合教师培训的要求和具体教师岗位要求对教师进行针对性培训，这种针对性培训能够提高教师的综合素质，也可以提高教师团队的整体素质。

（三）大学校园要加强师德师风建设

（1）大学校园要为教师树立正确的人生观和价值观，提高教师的思想认识素养。大学教师要做到"为人师表"，最主要的是确立正向的人生观、世界观、价值观。大学校园要着重强调大学教师的自强自立意识和自信心，让教师做到"己所不欲勿施于人"，在要求学生做到前能先保证自己要做到，通过实际行为为学生做表率。

（2）大学校园要加强大学教师的学习和培训。大学教师团队整体知识水平较高，他们肩负培养未来社会接班人的重要使命，这就要求教师要具备足够的知识储备，还要具备优秀的职业道德。所以，大学教师一定要坚持不断学习，坚持培训，学习教育理论、专业知识、思想政治力量和实践技能，提高自身的学识修养和政治敏感度。大学校园要保证教师的制度化、规范化培训，提高教师的学习能力，让教师从阶段性学习慢慢过渡到终身学习。教师的整体素质提高了，才能有足够把握培养下一代综合型人才。

（3）大学校园要为教师提供教学环境和科研条件，保证教师完成教学服务工作。除此之外，大学校园要保障教师工作的岗位津贴、住房条件、子女入学、家属工作等方面，提高教师的各种待遇，让他们劳有所获，不必担心教育工作以外的方方面面。

（4）大学校园要适当引入教师激励机制和教师竞争机制。大学校园要让教师在具体工作中时刻处于竞争状态，要结合物质奖励和精神鼓励，及时对在师德师风建设上有突出贡献的教师予以褒奖，为教师设置具备竞争性的上升通道，从而激发广大青年教师的自主性和积极性。

（5）大学校园要加强相应管理，完善各种考核机制和监督机制。大学校园要针对教师建立完备科学的考核体系和监督体系，从职称聘任、津贴评定、科研成果、教学评价及其他等诸多方面来评价和考核教师的各方面素质。大学校园可以考虑结合学生评议、教师评议、上级评议等多种评议方法，对教师进行奖优罚劣的评价工作，刺激教师多劳多得，从而充分调动教师团队的积极性，让教师团队发挥优势并协同合作。

（四）大学校园要改善教师工作生活环境

大学校园要将师资队伍建设工作同解决教师实际问题结合起来，从教师的工作和生活实际出发，时刻把教师的需要和冷暖放在心中。要改善教师的工作环境和生活环境，为教师教学与科研工作提供便利，如解决教师住房问题、提高教师待遇、减轻教师的生存压力等。

第五章　面向素质教育的高校教学管理改革

本章着重论述面向素质教育的高校教学管理改革，主要内容包括重塑高校教学管理理念、素质教育背景下高校教学管理思考、高校人才培养的全面质量管理和面向素质教育的高校教学管理队伍建设。

第一节　重塑高校教学管理理念

一、高校教学管理要体现自由的理念

（一）控制与自由的一般理论

在管理的范畴中，控制与自由是一对最基本的矛盾。在管理实践中，管理者需要制定各种明确的标准和条例，只有这样，管理才能实现科学化、制度化。科学管理理论看重对物或者事实的研究，不重视对人或价值的研究。并且，科学管理理论着重强调法规的约束作用，而并不对人的行为展开研究。另外，科学管理重视对效率问题的解决，不重视管理措施与整个社会的关系。所以，人们把科学管理称之为"人机关系技术论"。控制理念下的管理必定是一种刚性管理。

在管理上，自由理念是从现代管理科学的相关理论中发展而来的。与传统管理理论相比，现代管理科学有一个最明显的特征，就是它突破了传统管理中的"经纪人""社会人"等人性假设，开始重视人的自主性，以及人自我实现的需要，把人当作"自我实现的人""复杂人"。基于此，现代管理理论中最突出的观念就是人本管理、柔性管理、模糊管理等。

1. 人本管理

人本管理有两层基本的含义。第一，把人当作管理的中心，强调人在整个管理中的主导地位，把人作为管理的主体。所谓管理，就是要发挥人的主观性、创

造性和积极性，发掘人的潜能。第二，要尊重人，把"人"当成"人"去看待，要把促进人的全面及自由发展作为管理的最终目标，尽可能地满足人自我实现的需要。在人本管理的理念下，个人的潜能可以得到最大程度的激发，而组织也会因此达到最大的绩效，也就是说组织的成长与个体的发展实现了协调统一。要想在管理实践中真正落实人本管理的理念，最重要的就是恪守以人为本的原则，作为管理者，要从科学的意义上去尊重人、理解人，还要关心人、鼓励人，并且还要注重开发人的潜能，从而实现人的全面发展。

2. 柔性管理

柔性管理是现代科学管理的一个重要理念。柔性管理理论提出，现代管理除了要发挥古典管理学家提出的组织、计划、指挥、协调等基本的职能外，还要发挥教育、激励以及互补的作用。

3. 模糊管理

支撑自由理念的另一个重要理论依据就是模糊管理。模糊管理模式包含所有强调组织中的无法预测性和易变性的理论。由这种理论可知，组织的目标都不是十分确定的，如果按照目标的次序来开展工作，那么将面临很大的困难。在学校的组织体系内，其各部分之间并没有紧密的联系。决策一般是在参与者不确定的情况下做出的。学校这类的组织，在管理上一般都有模糊性特点。这种管理模式认为，曾经关于决策的选择理论低估了进行决策的混乱性和复杂性。

（二）教学管理体现自由的理念

1. 学习自由是大学生自由发展的前提条件

古希腊哲学家认为，一个人只有在自己"自主"时，才是真正"自由的"，或者是充分"发展的"。在大学教育中，学生是主人，学校和教师可以说是帮助学生成长的引导者和服务者。作为大学的教学管理者，首先要明确"一切为了学生"这一管理理念，以此作为管理工作的指导方针，要采取有效的方法，激发大学生内在的积极性和创造性，保证其活泼、自由地发展。并且，作为管理者，要认识刚性管理的弊端，不能盲目利用刚性的管理制度来强迫学生发展。要想发展大学生的个性和创造性，那么首先要让大学生实现学习自由。自由、个性和创造这三者之间，存在着十分密切的联系，它们组成了一个自由创造的生态链条。

2. 教学自由是教师专业发展的基本保障

对大学教师教学工作的管理，需要相关的管理制度来规范，但更重要的是，作为教师，要能自觉自律，实现自我管理。要在一定程度上保障大学教师的专业自主权，在教学上给其足够的自由。

3. 大学教学管理制度中控制与自由的协调

（1）高校教学管理目标需要基本的规范来实现

有了科学合理的管理制度，组织才得以生存，才能够进行有序活动，正所谓没有规矩，不成方圆。高校是一种规范性的组织，必须要保证教学最基本的秩序，提高教学管理的有效性，还要实现教学管理的基本目标，而要想满足这些要求，就必须建立相应的管理制度。高校教学管理活动必须要以一定的管理规范为根基，不能毫无章法、随意地管理。在管理过程中，无论是教师、学生，还是管理者，都需要自觉遵守及维护教学管理制度，树立管理制度的权威。然而，不论是何种形式的管理制度，都具有约束其成员行为的属性，也就是说，任何组织成员，都必将受到内部制度的约束。与此同时，人们又有着根据自己意愿行动的自由权利。管理制度对组织成员行为的强制约束，实际上就是对成员自由行为的限制。

（2）高校教学管理制度需要具有一定的弹性

高校教学管理系统需要建立相应的管理制度，但是，考虑到高校教学管理的特殊性，高校教学管理制度需要具有一定的弹性和灵活性。现代高校在建立教学管理制度的过程中，要坚持"柔性管理"的原则。即便是"刚性"的管理规章制度，在处理提高教学管理效率问题的同时，也必须重视对师生的尊重、理解和关心，只有这样，才能构建一种有助于保护师生教与学兴趣的规范体系。

二、高校教学管理要体现服务的理念

现代管理中的另一个基本矛盾就是管理与服务的矛盾。在高校本科教学管理制度下，管理者与教师、管理者与学生之间存在着管理与服务的矛盾。

（一）管理与服务的一般理论

"管理即服务"是人本管理理论中的一个重要命题。20世纪80年代以来，人本管理成为西方管理学科发展的主要趋势。在理论界，对于人本管理的内涵和外延，人们有着很多争议。有一位学者根据各家的观点，对人本管理总结出定义：人本管理是一种把"人"当作管理的核心以及组织最重要的资源，把组织中的全部成员，作为管理的主体，围绕着如何充分利用和开发组织的人力资源，为组织内外的利益相关者提供服务，从而实现组织目标和个人目标的管理理论和实践活动的总称。

（二）教学管理体现服务的理念

人本管理理论给现代高校构建柔性管理制度提供了理论支持。

1. 高校教师管理的特点要求体现服务理念

高校教师在其本质上，已经超越了"经济人"的范畴，此处所说的"经济人"，是指理性主义认为可以通过制度和利益进行控制的"经济人"。并且，高校教师也不仅仅是停留在行为学派所认为的追求归属感、安全感、尊重等社会和心理需求的"社会人"阶段。实际上，高校教师处于追求价值观、信仰以及自我实现的"文化人"阶段。

所以，在高校教学管理的过程中，管理者应当注意到教师的这些特点，坚持"以教师为本"的原则，在教学管理制度中，着重体现为教师服务的管理思想。

2. 大学生身份的转变要求体现服务理念

在计划经济体制下，高等教育可以说是一个"卖方市场"。所谓卖方市场，就是以卖方，也就是学校为主体，以卖方为主导力量的市场，而对于买方，也就是学生这个客体则没有太多选择。在卖方市场的环境下，高校教育一般所采取的教学策略是"以教定学"，也就是说，大学校园提供什么样的教育，作为学生，就必须要接受什么样的教育。但是，随着我国经济体制的转变，以及信息时代的到来，高校所处的地位也发生了变化，高等教育正从"卖方市场"转向"买方市场"。所谓买方市场，就是以买方，也就是学生为主体，以买方为主导力量的市场。在这种环境下，高校必须结合学生的实际需求来确定教学机制，也就是"以学定教"。所谓以学定教，就是大学生需要什么样的教育，大学就提供什么样的教育，一切以学生的发展需求为主。

3. 高校教学管理制度中管理与服务的协调

根据现代管理的要求，在大学教学管理中，一方面要体现管理活动的自然属性，即智慧、组织、协调与控制；另一方面，还要强调对教学活动的支持服务。

第二节　素质教育背景下高校教学管理思考

一、素质教育对高校教学管理提出新要求

（一）对教学管理模式提出了新的要求

我们把某种事物的标准形式称为"模式"。现代教学管理模式是一个比较宽泛的概念，它是在一定的办学思想的指导下，以人才培养为目标，形成的比较稳定的、系统化和理论化的教学管理范型[①]。

随着时代的发展，我国高校传统的管理模式逐渐显露出弊端，比如制度淡化、管理手段老化等问题，难以发挥管理的作用。在素质教育理念下，高校必须改变传统的教学管理模式，根据实际情况建立新的管理制度和管理模式，要以落实素质教育为核心，着重强调教学管理的有效性、多样性、法制性和灵活性，要有效唤起广大师生参与管理的热情，促使其发挥创造性。最终，有效提升学生的综合素质，让学生在思想道德、文化素质和身心素质方面都能有所进步和发展。

（二）对教学管理人员素质提出了新的要求

学者周远清提出："教学管理队伍亟待加强。没有一支过硬的教学管理队伍，不可能有一流的教学水平与教学质量。"[②] 作为教学管理者，是否可以从经验管理转向科学管理，并进一步实现现代化管理，最重要的一点就是能否有效提升管理人员的素质。只有建立一支高质量的教学管理队伍，才能真正加强教学质量管理，进而完成人才培养的重要任务。素质教育给教学管理人员提出的标准是，具有较高素质、较强能力，并且要懂得管理的理论和方法，另外要讲原则，有爱岗敬业的精神。素质教育下的教学管理尤其应当是"有思想的管理、有目标的管理、有深度的管理、充满改革精神的管理"[③]。要想实现这样的管理，就要有高素质的教学管理团队。首先，要采取有效的策略，提高管理人员的教育理论素质。作为高

---

① 许鹏奎.对建立大学教学管理制度新模式的构想 [J].教育理论与实践，2003（22）：49-52.

② 周远清.质量意识要升温教学改革要突破 [J].教学与教材研究，1998（03）：4-11.

③ 张楚廷.学校管理学 [M] 长沙：湖南师范大学出版社，2000.

校的管理人员，要灵活运用现代管理的理论和方法，对教与学的规律进行全面分析，不能把教学管理当成简单的行政管理。其次，高校要结合管理人员的水平和素质需求，建立相应的培训机构，目的是提高管理人员的素质。随着科技的发展以及互联网的普及，管理的理论、方法和技术不断创新。而面对管理环境的不断变化，作为教学管理人员，要不断学习，了解新的管理知识，提升自己处理问题的能力。最后，作为管理人员，要熟练运用现代化的管理工具，用系统论的方法，对教学管理中出现的各种分析进行分析，并开展高等教育理论研究，在工作中注意理论与实践的结合，争取创造性地完成工作。除此之外，作为教学管理人员，在日益变化的环境中，还要具备勇于探索和创新的精神，具备良好的服务意识。

（三）对教学管理的方法和手段提出了新的要求

在新形势下，素质教育要想发挥更大的作用，必须要有更先进的技术支持和管理模式。当前，高校的教务部门和学工部门都有着十分繁杂的师资管理和学生管理的业务，而信息技术的发展，给这两个部门的工作带来了很大的便利。近些年来，很多高校开始扩大教学招生规模，这在很大程度上限制了行政人员的发展，使他们的工作强度加大，人工管理的质量和效率已经无法满足当前高等院校对于素质教育的需求。在这种情况下，必须加强对教学管理模式的优化，促进高校管理模式的进一步拓展和完善，提升高校管理机制的实效性，进而使高校管理的内容更加丰富和全面。作为高校教学管理者，要具备一定的信息素养，能够有效利用大数据技术，借助大数据平台先进的数据组合和分析技术，努力提升教学管理的质量，实现教务工作的全面信息化管理。利用大数据和网络技术来加强高校教学管理的改革，可以提高教育管理的实效性，尽快实现科学化、数据化、规范化、制度化的教学管理，同时能尽可能地避免管理中人为因素的干扰，营造一个公平公正的教育环境。

二、素质教育下高校教学管理的特点

（一）教学管理的人本化管理更突出

学校管理的主体、客体都是人，管理的目的也是人，对既是管理客体也是管理主体的人进行管理，目的是培养人和发展人，所以说，管理的首要因素和本质因素，就是人。素质教育的最终目标就是培养创新人才，而人是知识创新与发展的生命之源。就像法国文化教育家斯普朗格所说的，教育的真正目的并不是向人传授已经存在的东西，而是要通过一定的方法，激发人的创造性，唤醒人的生命感和价值感。素质教育强调人在教育中的主体地位，在教育过程中，注重发展人的个性。"以人为本"是高校教学管理制度改革的主要理念，在高校教学管理中，以师生的实际需求为导向，以促进学生发展为根本目标，尊重学生的主体地位，尊重学生的选择。在教学管理中坚持人本思想，能够保证人在管理中占据主导地位，让师生在工作和学习的过程中，以及在参与管理活动的过程中，能够提升各方面的素质，激发自身的创造潜能。

（二）教学管理的开放性更强

在素质教育理念下，高校教学管理会更加重视学生的选择权，为学生构建自主学习的空间，从而体现高校教学管理的开放性。学分制的课程互选、学分互认，以及互聘教师和互相推荐研究生等，让学生得到更多选择的机会，有助于学生跨校选课，攻读第二专业，获取双学位。在进入高校后，学生学习哪种专业，选择哪些课程，都可以根据自己的需求自主选择，当然也可以接受相关教师的帮助和指导。这样具有较强灵活性和开放性的管理机制，可以给学生构建更加宽松的学习环境，有效激发学生的学习动力和创造性，以促进学生全面发展。这样的管理方式，可以给学生更多的选择、更多的时间，以及更多的发展机会，真正落实"以人为本"的管理理念。

（三）教学管理的学术性管理职能更明显

加强素质教育和创新教育，可以进一步体现教学管理的学术管理职能。只有将学术管理融入行政管理之中，才能有效落实教学改革和素质教育。高校是为了传递知识、发展学术而产生的，高校也因此而生存。而学术是学者的生命，学术是一个高校的命脉。高校的价值在于学术上的研究和进取，作为学术管理者，要采取有效的管理措施，保证教师们的学术活动能够顺利地进行，使他们能够充分发挥才能，发展新学科，构建新观念。学术管理的职能在教学、学科建设、科研管理和师资管理等工作中都有所体现，比如专业设置、课程设置、制定科研成果评价与奖励政策等。

要想提高管理水平，真正落实素质教育和教育创新，就必须要加强对教育管理的学术功能的重视，避免教学管理一味以繁重的日常事务为主，忽视学术管理的职能。作为学校的管理部分，要把学术管理放在重要位置，加强人才培养模式的改革，加强专业调整以及修订培养方案，加强教学方式、学生考核方式的改革，优化教学评价制度。作为管理者，要花费大量的时间和精力，认真研究教学管理工作，积极吸取先进的经验和成果，提高管理水平，提升人才培养的有效性。

（四）教学管理的民主性更强

自由是学术生存和发展的重要养分，相应的，民主则是学术兴盛和发达的土壤。在素质教育理念下，高校管理要注重发展学生的创新精神，尊重学生的个性，强调学生在教育及管理过程中的主体地位，还要唤醒学生的主体意识和主动精神，培养学生健全的人格，促使学生健康、向上成长。创新离不开自由，只有在自由民主的环境中，在不断的创新中，才有可能培养出优秀的创造性人才，才能促进学生健康成长，促进其个性发展。要想做好高校的管理工作，作为教师，就要发挥能动作用。任何跟教师教学和学生生活有关的决策，都必须参考教师和学生的意见，聆听他们真正的需求。所以，各高校在制定教学管理制度时，要加强对本校师生的调查，了解他们需要什么，有什么期望，并拓展与广大学生联系的渠道，广泛地收集学生的需求信息，据此来进行教育管理。

三、素质教育与高校教学管理的关系

素质教育与教学管理之间存在着相互依存，互相促进的密切关系。

（一）教学管理创新是素质教育实施的前提条件

素质教育的宗旨是培育具有创新能力的优质人才，所以，要想实现这一目标，教学管理必须要创新。在传统的教学管理中，大多是学校单向地对学生提出各种要求，对教师的教学工作也有着各种约束。这一点在教学管理实践中的体现就是，不信任学生，认为学生没有经验，缺乏自律意识，不能放开手脚任学生自由发展。在教学方面，顽固地遵循传统的教学理念和模式，一味地注重知识的传授，惯于采取灌输式教学法。实际上，素质教育看重的是学生的个性发展，所以教学管理必须坚持"以人为本"的思想和原则，要根据学生的特点和实际需求，构建便于学生自主学习的学习环境，同时鼓励学生发现问题、提出问题、讨论问题，激发学生的潜能，发展学生的个性，培养学生优秀的品质。对于教与学的评价标准，也要进行相应的改变，在以前，教学评价看重教师传授知识以及学生接受知识的效果，这种评价标准有很多不足，在素质教育理念下，高校要根据学生的创新能力和实践能力的发展来进行教学评价。要想真正有效地落实素质教育，就必须改变传统的管理观念，不能给教师和学生过多的束缚，要加强管理创新，积极采用新的管理理念和管理方法。总之，构建新的教学管理环境，才能落实素质教育，如果一味固守传统，只会导致高校教学管理止步不前，不能实现培养创新人才的重要目标。

（二）素质教育推动着教学管理的创新

21世纪，创新成为社会发展的最大动力。而素质教育是社会发展对高校教育提出的外在要求，同时也是大学生提高自身综合素质的内在需求，提升大学生的创新能力，培养优质的创新型人才，是当前大学教育的重中之重。在这样的环境要求下，高等学校的教学管理必须进行改革和创新，如果因循守旧，就无法适应高等教育的发展，无法实现人才培养的目标。从这个意义上来说，素质教育促进了高校教学管理的创新发展，促使教学管理迅速适应素质教育的需要。

（三）教学管理水平的高低影响着素质教育实施的成效

素质教育与教学管理在某种意义上是互为因果，相互影响的。素质教育对教学管理的要求不是降低了，而是更高了。素质教育要求教学管理者具有全新的教育观念和多方面的知识与能力，素质教育还要求教学管理者在管理的实践中辩证地对待严格与宽松、原则与灵活、继承与创新的关系，做到这些本身就要求要有高水平的教学管理。一所高校，教学管理水平高，素质教育肯定会好一些；教学管理混乱，势必影响素质教育的顺利进行。

第三节　高校人才培养的全面质量管理

一、全面质量管理的内涵

在 20 世纪的 50 年代末，美国通用电气公司的费根堡姆和质量管理专家朱兰等人提出"全面质量管理"的概念，英文即 Total Quality Management（TQM），或 Total Quality Control（TQC）。所谓全面质量管理，就是一个以质量为中心，以全员参与为基础，目的在于通过让顾客满意和本组织所有成员及社会受益而达到长期成功的科学管理方法和途径。

（一）管理要从实际出发

无论是讨论什么问题，还是做什么事情，我们都必须从客观实际出发，要理解并尊重事物发展的客观规律，把事物本身的规律性，作为思考和行动的依据。在全面质量管理理念下，每个员工都必须积极主动地参与中心任务；作为企业管理者，要让所有员工了解企业的目标。而在企业的产品和服务质量得到一定改善后，仍然要对产品或服务的质量展开定期的检查。全面质量管理的中心思想就是，使管理者不能凭借个人的主观印象，或者缺乏可信度的传言来做决定，而是要尊重客观事实，从实际出发，寻找问题的源头。全面质量管理的一个非常重要的意义，就是为我们提供了很多寻找事实的方法。跟传统的管理方法进行对比，这类管理理念更符合高等教育发展的要求，更有助于实现高校的育人目标。

（二）顾客至上

顾客至上，以顾客为中心，实际上就是以买方的需求为中心，商家推行这种理念的目的，就是满足顾客的需求，然后从中获取利润，这就是一种以消费者为导向的经营观念。最早的质量的概念是从专业人员的角度出发定义的。顾客就是服务或者产品的最终使用者。通常，顾客如果十分喜爱企业的产品和服务，也会在无意间将自身的感受转述给其他的消费者，以此来扩大产品的知名度，维护企业的良好形象，促进企业的持续发展。同时，顾客至上的理念要求每个员工走出其工作的狭小圈子，与顾客进行沟通。这一理念对企业的管理人员和专业人员提出了较高的要求，他们要清楚地了解自己的顾客，并且主动倾听顾客提出的意见，这对于高等学校的人才培养工作具有启发意义。长期以来，在对高等教育的质量进行评估时，评估人员有时认为无法用语言来描述质量的概念，有时干脆采用内部人员与同行的建议。而全面质量管理的理念则认为高等教育的质量是可知的、可评判的，能够通过师生的需要及期望的满足程度来评价，这与高校管理对学生所做出的贡献有关。

（三）适时调整

为保证每一阶段的顺利进行，企业需要不断调整管理以至顾客感到满意。为了达到这一目的，全面质量管理工作要求生产、管理、人事、信息等各部门的全力配合。对高等教育的人才培养工作来说，不断调整是极其必要的，尤其是要对教学培养模式不断改进。如果学校的学生缺乏学习的主动性，是难以推动学校前进的。

（四）全员参与

高等学校有三个主要功能，分别是教学、科研、社会服务，其中最核心、最根本的任务就是培养优质人才。所以，高等学校要真正落实"教学质量是高等学校生存和发展的生命线"这一理念，让学校的教师和学生都能了解提高"人才培养质量"这一高校发展的目标，让他们知道自己该做什么、该怎么去做，以及怎样做得更好。简单来说，作为一个领导者，做任何决策之前，都要考虑质量，要遵循学校的质量标准，避免做出于教学质量有损的决策。另外，作为教师以及管理人员，一方面要坚守岗位，做好本职工作；另一方面还有具有主人翁意识，具有责任感，为学校教学质量的提升积极出力。

（五）质量管理中要以人为中心

以人为中心所要求的是把促进人的全面发展与满足人的全面需求作为根本出发点和落脚点。渴望前进的企业把"人"当作是最大的可利用资源。它将主动权交给每一个愿意为教育或企业目标而努力的成员，因此赋予每一个人工作的权利。在高等教育教学体系中，学生对学校的信任与依赖源于学校对其基本需求和愿望的尊重及满足，学校对学生的发展秉承何种理念决定着教学工作的进展情况。

二、全面质量管理于人才培养的意义

教育质量是高校可持续发展的"生命线"已经成为不争的事实。高校打破传统的管理理念，运用全面质量管理的理论，构建并实施质量评价和监控体系，对于全面提高教育质量，提升真正意义上的现代大学品质，培养实用型人才具有一定的理论价值和实践意义。

（一）理论意义

1. 教育属于服务性行业中的一种，高校提供的也是一种服务

所谓服务，指的就是为他人做事，不借助于实物，而是通过提供劳动的形式来满足他人的某些需求，并从中获益。服务具有以下特性：（1）服务是无形的，相比于结果，更关注过程；（2）服务者和被服务者是服务存在的前提；（3）服务的提供必须符合实际需求；（4）服务的结果很难检测，比较有说服力的评测标准就是被服务者的满意程度。

对照服务的特性，我们就可以将教育列入服务性行业的范围内。第一，教师和学生共同组成了教育活动中的两个重要因素，两者不可能脱离对方而单独存在；第二，因为教育是无形的，它更注重教育过程的关键作用，而不仅仅是看重结果；第三，教育必须符合学生的需求；第四，高校中的任课教师一般为直接教育者，高校的领导人员不直接与受教育者接触，他们的主要任务是采取正面引导等方法将其标准和价值观传达给学生；第五，教育的结果难以准确地检测，教育能满足社会需求的程度以及受教育者、家长的满意程度是可借鉴的评测标准。

2. 以消费者为中心

教育实际上属于服务产业，学校提供的是服务，所以，我们要更加关注高校中的消费者，也就是接受服务的学生。我们可以把学校的消费者划分为三个等级，分别是一级消费者、二级消费者、三级消费者。一级消费者指的就是直接接受高校服务的学生，二级消费者指的是学生的家长、教育人员，三级消费者指的是学生将来的雇主、政府以及社会。这三种消费者都属于学校教育的外部消费者。我们应该认识到，在一所学校中，每个成员都在为其同事服务，学校中的所有职员都是学校的内部消费者。内部消费者之间的紧密联系，是外部消费者需要得到满足的有效保障。

从高校和外部环境之间的关系这一层面出发，学生应被视为高校教育中的消费者，应该享受高校提供的优质服务，高校教育还应满足社会、国家以及家长的需要；从高校内部关系的角度出发，服务者与消费者之间的关系还包含在高校各个部门之间，人事、财务、后勤这些部门均要为教学服务，每位教师也都是他们的同事所要服务的对象。简而言之，学生是高校最重要的消费者，高校要想继续存在就必然少不了学生的存在，学生的素质可以直接反映出学校的教育质量，学生的成功就意味着学校的成功，学生是学校信誉的决定性因素。因此，学生的观点和需求是每一个高校开展工作、谋求发展的关键所在。

以消费者为中心作为学校实施全面质量管理的指导思想，转变了高校的传统惯例以及传统的管理体制模式，强调重视学生的利益，将学生放在了整个高校管理体系中最重要的位置。任课教师能够与学生直接接触，并负责教学质量的改进与提高，高校领导通过全面了解学生的实际情况与问题，虚心听取广大教师的意见，结合实际需要为他们提供培训、指导、辅导、教育、咨询和激励，全力支持教师的工作。

（二）实践意义

1. 推进全面质量管理有利于推动高校领导从质量战略的角度来考虑高校的全局发展

全面质量管理的思想是在学习国外的全面质量控制思想的基础上逐渐发展并完善的，质量观的不同是这两种思想最根本的差别。全面质量管理理念要求高校领导者在制定提升高校教学质量的策略时，要具备战略眼光，从长远和整体的角度出发，不能单纯为了解决问题而采取短期有效但缺乏长效机制的方案。因此，全面质量管理不仅是一种质量管理的方法和体系，它还是高校组织运行的一种经营战略，其思想还包含战略的因素。有学者将全面质量管理视作一种战略武器，还有学者将它称为战略质量管理。倘若能在高校中推行全面质量管理，促使高校管理者立足于更高的层次重新审视高校的教育质量，转变自己的领导方式，由守业型领导转变为开拓型领导，在把握好已开发领域的同时，敢于放弃陈旧的项目和领域，主动开辟新项目和新领域，那将有利于高校教育教学质量的快速提升。

2. 推进全面质量管理有利于构建适于高校组织发展的组织文化

全面质量管理这一思想，跟传统的质量管理的另一个重要的区别就是，全面质量管理更加看重学校组织文化的构建。组织文化也就是企业文化，是企业为了维持生存和发展而树立的，得到组织成员的认可，并自觉共享，是组织成员共同遵守的基本信念。它代表着一个企业经营管理的核心思想，以及由此衍生的组织行为。所谓的高校组织文化，就是指高校在其长时间的发展过程中，所逐渐形成和累积的、被高校所有成员都认可和自觉遵守的价值观和行为方式的总和。全面质量管理以"质量第一"为根本理念，来构建高校的组织文化，也就说明，高校要借助优秀组织文化的构建，为其生存和发展奠定基础，为高校提升教学质量提供保障。

3. 推进全面质量管理有利于推动高校进行全员管理

教育质量通常是评价一所高校办学水平的重要标准，它能够反映整个学校的工作业绩。高校在落实全面质量管理理念的过程中，要通过有效的手段，让每个人都深度参与到管理工作中，组建合作团队。

唯有充分调动每一个成员的主动性和积极性，发挥他们的作用，才能实现人人关心质量，人人做好自己的本职工作，从而促进教育质量的不断提升的结果。高校教育中的全面质量管理的组成成员可以分为三类：第一类是高校领导。高校领导作为高校的最高管理者，能够直接决定高校的发展方向。因此，高校领导要充分调动全体教职员工的积极性，关注他们在管理中的巨大作用，努力为全体教职员工营造一个能充分发挥主观能动性的良好工作环境。第二类是高校的教职员工。高校内的所有成员都是学校的主体，教职工要具备强烈的质量意识、敬业精神以及高度的责任感，这样才能真正发挥他们在全面质量管理中的关键作用。全体教职员工参与全面质量管理的重要途径就是实行团队协作。如果没有工作团队，全面质量管理的工作过程与管理技术都无法实现。这些过程与技术都需要有较高水平的沟通、交流、响应、接受、协调安排，而它们需要的环境和条件，唯有优秀的工作团队才能提供。第三类是社会消费者。高校的社会消费者主要包括：学生的来源供应方，例如家庭和企业、政府、中学等。这些社会上的消费者所提供的物质帮助、精神以及社会的支持，如他们所提供的产品和服务的质量，对高校的正常运作以及工作效率都会产生较大的影响。为此，高校领导要认真处理和社会消费者之间的关系，主动倾听他们的意见和建议，及时了解他们的需求，鼓励他们参与高校的质量管理工作，积极发挥他们在高校全面质量管理中的关键力量。

4.推进全面质量管理有利于从多个层面考核学生的实践能力

实践教学考核的标准有两个方面，即教学标准和职业资格标准，所谓教学标准，一般是来自高校内部的标准，比如主观性、模拟性和教学因素。职业资格标准主要来自社会和企业方面，如客观性、真实性以及社会公共因素等。建立多样化的高校实践教学考核内容，要符合全面质量观念的理念，要将综合素质的考核、基本能力的考核，以及专项技能的考核都容纳到考核内容之中。

（1）学生综合素质的考核

学生的综合素质，包含基本技能和专业技能。为此，要想真正体现全面质量管理的基本思路，要重点对问题的解决能力、交流能力和创新能力的考核予以关注。因此，作为管理者，要加强对实践性工作环境的构建，让学生拥有足够的虚拟工作空间，让他们能够综合运用自己的基本技能和专业技能，来分析和解决问题。作为学生，要能够根据自己的表现，反思自身的综合素质，加强对职业素养考核的重视。所以，高校管理者要构建相应的情境，加强对学生职业态度以及职业素质的考察，从而了解学生的综合职业素养，另外还要考察学生的劳动纪律以及是否遵守劳动规范等等。

（2）学生基本能力的考核

在传统的高校教学质量的管理过程中，对学生基本技能的重视程度不够。这与高校对学生基本技能的关注程度有关，不少高校认为基本技能不能够体现学生的职业特点，便不将其纳入实践教学的考核范围内。事实上，教学实践中专业能力的掌握情况和基本技能的水平存在一定的关联。在全面质量管理的背景下，对学生进行基本能力的考核要注意：基本能力的考核标准不一定要特别详尽，例如，要考核一个学生群体的团队合作精神与能力、人际交往能力等，不一定非要制定一个统一的标准，教师与指导人员应根据学生在实践过程中的具体表现进行大致判断；对基本能力的考核不一定要单独进行，也可以和其他考核一起进行，在考察的过程中判断其基本能力；由于基本能力的表现通常具有多种不确定因素，因此应在某一特定情境下进行基本能力的考核，例如学生的团队合作能力、人际交往能力等往往与实践的具体情境有关联，倘若由学生单独完成某项具体的任务，就难以考核这些能力。

（3）学生专业技能的考核

在专业技能的考察中，主要是检验学生在学习过程中，对专业知识和技能的掌握程度。从整体来说，对学生专业技能的考察，必须体现全面质量管理的思想，同时要认清考核的重点。不同专业的学生，对其考核的重点也是不一样的，所以，要根据学生的专业特点来判断其考核内容。比如，对于物流专业的学生，要考核他们是否能够合理运用所学的知识，来完成物流管理中的各种操作；或者对于酒店管理专业的学生，主要考核他们是否能有效运用专业知识，来解决工作过程中遇到的各种各样的问题。可以看出，这两个专业的考核重点是不一样的，前者看重对学生操作能力的检验，而后者更看重学生的心智技能。另外，也有一些专业的考核同时包含心智技能和操作技能的考核，比如物业管理专业的考核。所以，我们在各种评价手段的运用上，要具有灵活性。对于一些以实际操作为主的专业，要采取过程性评价，这有助于把学生在操作过程中存在的问题和不足暴露出来，然后针对性地予以帮助和指导，并且在评价实施的过程中，要引导学生自我反思和自我改正。因此，学生的自我评价也是不可或缺的。所以，对各种评价手段进行综合使用，构建完善的专业技能考评体系，对高校教学发展而言有着十分重要的意义。

高校教学的考核方式是多种多样的，并不存在某一种考核方式适合高校的所有专业，因为每个专业的特点不同。所以，作为高校管理者，要根据不同专业的不同特征，以及不同专业学生的不同学习需求，采取不同的考核方式，争取通过考核全面了解学生的各项技能水平，并将考核结果反馈给学生，为学生指引前进的方法和方向。

三、高校人才培养的全面质量管理方法

（一）专门教育和一般教育有机结合

如今，高等教育大众化已成为不可避免的趋势，为了满足大众的需求，迫切需要重新分配和整合现有的教育资源。现有的高等教育体系一直都是以专门教育为中心，而新中国成立以来国家的发展和壮大需要大量的专门人才，这导致大学

中的专业教育受到重视，而一般教育却被长久地遗忘。从长期来看，我国经济的发展不仅需要关注社会道德和利益，还需要关注人文素养和情怀对社会发展的重大意义。邓小平同志就曾经提出过"两手抓，两手都要硬"的观点，如果只注重经济的快速发展，忽视了精神培育，也不利于社会和经济的发展。受教育者能享受到全面的教育，就是能同时享受到人文教育、专业教育以及人文关怀。但一般教育与专门教育不是绝对对立的，它们都为人的全面发展服务的，只是侧重点有所不同，二者是相互促进的。一般教育关注学生的全面发展，注重的是学生基础知识和能力的获得以及身心的共同发展，利于学生专业知识的学习和持续的发展。而专门教育在教授专业知识和专业技能时，既关注学生批判与创新思维的形成与实践能力的提升，也关注学生的全面发展。因此，一般教育与专业教育是相互联系的，二者不是对立的。它们的融合指的是打破学科和专业壁垒，在本学科领域中构建跨学科的一般教育体系，为学生提供一系列的精品课程，让受教育者拓宽视野，接触不同的学科领域，夯实基础。它们融合的目的是培养境界开阔、知识丰富、反应敏捷、情感真实的全面发展的人才。这充分说明了一般教育与专门教育融合的必要性。

设置一般教育课程的基本思想是通过二者的融合，实现知识经济时代大学教育的整体目标。落实现代教育理念与和谐教育理念，完成有利于学生个人发展的课程设计，并借助丰富多样的教学形式，给学生构建良好的学习环境，促进学生自主发展。在一般教育课程中，始终贯穿着培养顽强毅力、高尚品德、完整人格的人文精神，这也是一般教育的核心思想。我们可以将一般教育分为三个阶段，一是人文精神的培养阶段，这一阶段看重的是建设人文教育和社会科学课程，目的是培养学生广泛的兴趣，使其能够主动学习其他学科的相关知识，进而提高学生的人文修养。第二个阶段是设置跨学科和跨专业的课程，把具有较大影响的可以作为一般课程的主要内容融合成跨学科或跨专业的课程，借此完善专业教育。第三阶段是针对高年级学生而言的，可以引导学生对整个或多个学科专业和领域展开研究，至于研究的对象和内容，可以是现有学科专业的知识资源，也可以是现有的教育资源。

（二）传统教育方法与现代教育方式相互融合

1. 人文教育与科学教育相结合

素质教育作为一种较为先进的教育理念，应该将人文教育和科学教育结合起来。培养高素质的人才，往往要将人文素养与科学素养的培养有机地结合在一起。我国的高等教育存在着专业面狭窄、人文教育薄弱的现状，要全面进行素质教育，有必要将人文教育与科学教育相结合。

2. 文化素质教育与思想政治教育相结合

《关于进一步加强和改进大学生思想政治教育的意见》中指出：以大学生全面发展为目标，深入进行素质教育。加强民主法治教育，增强遵纪守法观念。加强人文素养和科学精神教育，加强集体主义和团结合作精神教育，促进大学生思想道德素质、科学文化素质和健康素质协调发展，引导大学生勤于学习、善于创造、甘于奉献，成为有理想、有道德、有文化、有纪律的社会主义新人。

从这里可以看出，文化素质教育和思想政治教育存在着十分密切的联系。所谓人才素质，是指人们在先天生理素质的基础上，经过后天的努力学习，以及社会实践，逐渐形成的生理特点、思想行为，以及潜在的各种能力的总称。人才素质主要包括文化素质、思想道德素质、业务素质和身心素质四个部分，其中，思想道德素质是文化素质的重要根基。

3. 文化素质教育与教师文化素养的提升相结合

教师在学校人才培养的过程中占据着重要的地位，教师个人文化素养的提升，对推进素质教育与文化素质教育具有十分重要的意义。并且，教师对素质教育的理解和掌握情况，关系着学校文化素质教育工作的质量。目前来看，我国高校师资队伍的建设存在一些不足：大部分高中采取文理分科的教育策略，培养出的学生思维狭隘，综合素质不高；一些高校的学科设置不够丰富，专业范围十分有限，严重限制了学生思维的发展，阻碍了学生知识面的扩充；另外，很多高校存在重理轻文的现象，这种理念扎根在教师心中，导致很多教师在教学实践中，不能将人文教育和科学教育有机结合起来，限制了学生的全面发展。所以说，加强对教师队伍的建设，提升教师整体的文化素养，对推进素质教育具有重要的作用。《关于进一步加强和改进大学生思想政治教育的意见》中提出：所有教师都负有育人职责。广大教师要以高度负责的态度，率先垂范、言传身教，以良好的思想、道德、品质和人格给大学生以潜移默化的影响。这是对教师育人作用的极大肯定。达成这样的愿望，要将文化素质教育与提高教师文化素养有机地结合起来。从现实出发，学校要把素质教育的推行与教师素质的培养融合在一起，统筹规划，整体实施，同时将继续教育融入学校的素质教育中去。从教师的角度来说，要将教书育人的职责与自我提升结合起来，将理论付诸实践，不断对素质教育理论进行研究，更新自我素质教育的理念，在教育工作中逐渐贯通素质教育的思想。

4. 不能忽视文化素质教育的基础作用

所谓素质教育，实际上就是以提高学生各方面能力和素质为核心目标的教育模式。它跟传统的教育观念不同，传统的教育观念更看重学生的成绩，以成绩来衡量学生的能力，而在素质教育理念下，学生的能力、个性、身心健康和道德品质，都得到了极大的重视。对于个人来说，没有文化素质做基础，他的思想政治素质就没有了支撑。而对于高等学校人才培养的工作来说，如果只是对学生灌输思想政治理念，并不能发挥应有的作用。与此类似，如果没有思想政治教育，文化素质教育也就失去了方向。进行文化素质教育并不是为了替代思想政治教育，而应将它作为提高思想政治素养的基础。事实证明，做好文化素质教育工作，就能使思想政治教育更为贴近生活和现实。值得注意的是，素质教育工作的推行不能偏离正确的政治方向与价值取向。

（三）人文与科学教育并重

科学是指发现、积累并公认的普遍真理或普遍定理的运用，是已系统化和公式化了的知识。科学的范围很广，包含了自然、思维、社会等领域，比如我们熟悉的物理学、生物学、社会学。科学的目的，是要探索人们未知的领域，发现人们所未知的事实，并以此作为活动的依据。实践是科学的基础，人们在实践的过程中，在严密逻辑的支持下，发现的关于客观世界各种事物的本质，以及事物运动的规律，才能称之为科学。不断地探索，不断追求进步，是科学的重要特性。实际上，科学的含义越来越丰富，它不仅包含人们已经获得的、论证的知识，而且慢慢成为一个广义的概念。广义的科学包含一切应用科学和技术知识的源泉。从广义的角度来说，科学研究跟人类自身的命运建立了更加紧密的联系。在自然科学逐渐占据主导地位的今天，人类不管从事什么职业，都应同时具备人文和自然科学方面的知识。因此，想要培养全面发展的大学生，就要促使人文关怀与科学教育有机融合。

在现代教育中，科学与人文结合的根本在于高校教育模式的改变，也就是说，使文科生增强对科学技术的理解，拥有双重智慧，使理科生加强对人文学科的学习。

（四）创新思维和创新精神培养

所谓创新型人才，是指具有创新思维和创造能力，能够开拓出新的局面，并能利用自己的能力为社会做贡献的人才。创新型人才一般好奇心强烈，有着开放的个性，并且具有专注、执着、敢于尝试的精神。创新型人才本身具有创造性思维，也具备相应的能力，在日常生活和学习中，他们善于发现问题，并能够创造性地解决问题。随着我国经济的发展，社会对创新型人才的需求越来越大，相应的，创新型人才的重要性也愈加明显。而培养创新型人才，是建设创新型国家的重要前提，当然，这也是目前高校所面临的重要问题和重要任务。在应试教育的观念里，只要学生掌握了足够多的知识，那就代表着学生有着较强的能力，并且应试教育所追求的，就是给学生灌输更多的书本知识。但是，在长期的人才培养实践中，我们发现，知识并不是最重要的，要想培养学习者的创新能力，最重要的是培养他们的学习兴趣、观察能力和想象能力。所以说，知识量的多少，并不能说明一个人能力的强弱。

目前，高校要把关注点放在创新人才的培养上，要更新教育理念，根据实际情况改进教育模式和教育方法。首先，不能继续采取以知识传授为主的传统教育模式，要转变教育的侧重点，以创新精神的培养作为核心教育理念。当然，知识的传授是绝对不能忽略的，因为知识是培养创新能力的基础，不以知识为根基的创新，是没有实际意义的。但是，在传统的教育体系中，有一些课程已经落于窠臼，无法适应高校教育的发展，不能真正发挥知识传授的作用。而且，课程的评价标准也一味看重学生对知识的接受程度，这严重遏制了学生的独立性发展。传统的教育观念阻碍了学生独立思考能力的发展，慢慢地，学生沦为被动接受知识的机器。而创新教育则不同，它尊重学生的主体性，鼓励学生提出质疑，允许学生对曾经学过的知识发表自己的见解，这种教育模式也会与时俱进，是符合现代社会发展需求的。高校在落实创新型教育的过程中，要尽可能地采取启发式教学、互助式教学等手段，让教师和学生都能够积极主动地参与到课堂中，共同探讨问题，从而唤起学生的学习兴趣，激发学生的潜能。其次，要更新教育理念，不能墨守成规，要坚持促进学生全面发展的教育理念。创新确实要建立在智力发展的基础之上，但同时，创新更离不开个人主观能动性的发挥。要想提高创新能力，就要不断地探索，当然还要有不断地学习和探索的动力。最后，要想培养创新人才，要特别重视实践，让学生在科研创新的实践过程中得到思维能力的锻炼，得到各方面能力的提升。这里所说的实践，不仅包括教学科研实践，也包括各种形式的社会生产实践，这在创新人才的培养中起着不可忽视的作用。

（五）与全球化人才培养相衔接

所谓国际化人才，是指具有国际化意识，有较完善的知识结构，并且其眼界和综合能力达到国际化水准，在全球化竞争中能够把握时机的高端人才。高等教育是关系到一个国家、一个民族长远发展的根本性问题，体制则是决定高等教育发展的关键。培育全新的综合型人才，高校要从以下几点进行。

1. 推进教育体制的改革

高等教育是关系到一个国家、一个民族长远发展的根本性问题，体制则是决定高等教育发展的关键。缩小高等学校校内学科间的差距，促使高校内部对外开放，加强教师间的沟通与合作，争取早日实现资源的共享。结合市场的需求设置专业，合理安排必修课程。同时，教育不仅要面向社会更要面向国际，增强和社会的交流，进一步向国际开放。不断更新和充实课程内容，以满足当前教育的需求。可以通过多种途径加强和国际的交流与合作，比较常见的措施有：引进国外先进的教学理念和教学模式，购买和使用国外较为先进的教学器械，加强与国外高校间的学术访问与交流，引进优秀的国际化教师等。

2. 注重国际化教师队伍的建设

一所学校要想发展进步，离不开优秀的教师。一所学校要想实现教育国际化，首先要提升教师队伍素质，实现教师队伍的国际化。促进国际教师之间的交流，是高等教育实现国际化的重要途径。高校可以构建国际教师交流的制度，加强对教师专业发展的重视，拓展教师的视野，从而使教学研究与国际接轨。让国内教师走出去，参与国际交流，一方面可以使高校的专业研究跟国际接轨，获取最新的观点和经验，打开研究的视野，开辟新的方向；另一方面，可以在短时间内有效提升教师的英语水平，促进东西方文化的互动，从而便于学习国外先进的教学模式和教育理念。从国外引进优秀的教师，一方面可以深入了解国外先进的教育理念，学习其先进的教学模式；另一方面，国外教师纯正的英语教学模式，有助于提升学生的英语水平，而且在跟老师交流互动的过程中，学生也能了解国际上的学术研究动态。所以，基于以上考虑，高校要抓住和国际交流与合作中的良机，积极跟各国顶尖大学建立良好的关系，互相派遣教师进行学术上的交流，从而不断优化师资队伍的建设。并且，国籍不同、文化背景不同的教师进行交流，能够激发文化间的碰撞，从而促进学术研究的更新和发展。各大学校还可以通过多种渠道为教师提升自己创造机会，通过外派教师留学，进行学术间的交流，交换意见，从而促进教师自身的成长。经济全球化的到来促使各类人才的跨国际流动，一支高素质教师队伍的创建正符合历史发展的潮流。高校在制定人才发展战略的同时，也要密切关注教师的心理发展历程。不仅要使用本土人才，也要放远目标，从国际市场中发现人才，打造一支高素质的创新型教师队伍。

　　3. 优化课程设置

　　首先要促进课程的综合化建设。大学应重新调整课程设置，结合现实需要，较多地设置综合性课程。除了文学艺术、外国文化和历史等课程，还要设置自然科学、道德伦理之类的课程。让学生在学习理论知识的同时，也能学会运用知识来解决实际问题。东京大学曾经把传统的人文科学、自然科学、社会科学、体育、外语等基本课程缩减为主题课程、基础课程和综合课程三类。其中主题课程，是指在规定一个主题后，师生根据这一主题展开研讨，在过程中获取知识的一种课程。所谓基础课程，就是指给学生传授基础知识和基本理论的课程，目的是培养学生的基本能力和基本素质。而综合课程是指，将两个或两个以上学科结合起来的课程。要想真正实现课程设计的优化，还要加强课程的国家化发展。在高校里，通常会增设一些国际性课程，通过这些课程，为学生介绍各国的地理环境、历史和风俗，从而让学生能够了解不同国家的政治、经济和文化等知识。在传统课程中也可以适当加入国际的相关知识和观念，将国际上最新的理论和文化成果融合到课程内容中。大学也要秉承这种理念，按文理结合的脉络，经常开展跨国际、院系间的交流合作，对各门课程进行整体优化。

4.要使国家化人才的培养形式呈现出多样性

跨国高等教育是指国际高等教育领域中的各种教育资源在各国间的流动，它是当今教育国际化潮流的一个有机组成部分，内涵丰富，也是国际化教育交流和合作的主要内容。目前，跨国高等教育已经演化为备受国际关注的世界性话题，它是在全球化大背景下出现的一个必然结果。对我国来说，建设创新型国家是进行现代化建设的重大使命，迫切需要构筑一个更为健全的高等教育系统，以此来提高我国教育的水准。因此，发展国际化高等教育已成为我国现代经济发展的时代诉求。深入研究国际化教育，对加深跨国高等教育发展规律的认识、进行跨国高等教育理论及实践研究、构建国际化教育理论体系都具有重大意义。跨国教育的重要渠道和形式就是开展校企合作。学校会把学生送到相关的企业里面，让他们进行学习和培训。通过实践，学生依据研究的问题和实际情况开展研究工作。这种实践不仅增加了学生学习的机会，使他们能够直接了解当地的风土人情和文化，还可以培养解决问题的能力。跨国教育的另一种常见形式是连锁式。

第四节　面向素质教育的高校教学管理队伍建设

一、高校教学管理队伍结构

高等学校教育教学管理队伍由分管教学副校长、教务处全体人员、学院（系）主管教学副院长（副主任）、教学秘书（教学办全体人员）和教务员组成。教学管理人员的结构主要包含学历结构、职称结构、年龄结构、学缘结构和性别结构等指标。科级以上管理人员岗位应具备硕士及硕士以上学历，博士学历占一定比例；处级岗位、教学副院长（副主任）和重要科级岗位应具备副教授以上职称，教授占较大比例；老、中、青各层次人员合理分布，教学管理队伍既要有教学管理经验丰富的中老年专家，又要有充满活力、信息技术强的青年骨干；学员结构上非本校人员应该占多数比例，这样有利于发挥不同的管理思想，承担重要岗位工作的教学管理人员应有基层教学管理的工作经历。

二、高校教学管理队伍建设的意义

提升学校竞争力的最有效方法，就是加强教学管理队伍的建设，提升管理队伍的整体素质。人才是社会进步的不竭动力，随着社会的发展，人才竞争越来越激烈，而高校是孕育人才的摇篮，所以相应的，高校之间的竞争也愈加明显。在发展过程中，很多高校开始关注这些问题：怎样才能将优秀的学生吸纳进来？应采取什么样的理念和策略培养出更多具有较高素质的人才？怎样使本校的毕业生在就业市场上占据更多优势？而从新生入学、教学培养、学生毕业离校的整个过程中，每一个环节的顺利进行都离不开教学管理的支持。如果高校能够有一支高素质的教学管理队伍，那么在整个教育发展过程中，就能够采用比较先进的教育和管理理念，学校的管理制度就会更加健全，有利于构建公正、开放的教学环境，从而更好地满足学生的学习需求，帮助学生有效掌握更多知识和技能。总而言之，优化高校管理队伍的建设，是提升教学质量的重要途径。

第二次全国本科教学工作会议后出台的《关于进一步加强高等学校本科教学工作若干意见》中，教育部共提出 16 项具体要求，其中"强化教学管理……加强教学管理队伍建设"是其中之一。可以看出，在评估高校的教学管理水平时，其教学管理队伍的质量是非常重要的评价指标。在高校教学发展过程中，在提升教学工作水平这一方面，教学管理队伍确实发挥了不可替代的作用。无论是办学理念、教学条件、专业建设、师资队伍建设，还是教学管理，这些直接决定高校教学水平的重要因素，都与教学管理人员的工作有着十分密切的关联。只有不断地优化教学管理队伍的建设，提升其整体素质，并将优秀的教师队伍与优质的教学组织管理有机地结合，才能保证教育教学的质量，提升教学工作的水平。

另外，从人才培养这个角度来说，加强教学管理队伍建设同样有着十分重要的意义。高校的最核心任务就是教育人才、培养人才，所以，教育管理的质量，可以说是高校生存发展的根基。要想真正提升人才培养的质量，实现高校的育人价值，就必须加强教学管理，推进教学改革，促进教育教学的创新，更重要的是，要结合学生的实际需求，吸收先进的教育理论和实践经验，对人才培养模式、课程体系以及教学内容加以改进和创新，有效促进学生各方面素质的协调发展。

三、教学管理人员应具备的素质能力

（一）具备高尚的道德素质

作为教学管理的工作人员，第一重要的就是具有良好的道德素质，这是他们做好本职工作的基本保障。并且，大学生的思想观念尚未成熟，可塑性较强，因此他们容易受到环境的影响。而高校管理人员与学生接触较多，他们的道德品质如何，影响着学生思想观念的构建，影响着学校人才教育的成效。正所谓"学为人师，行为世范"，作为高校的教学管理人员，要特别注重提升自身的学识和修养，提升人格魅力，用自己的思想、言行来潜移默化地影响学生，给学生树立良好的榜样，促使学生自觉遵守学校制度，自觉谋求个人发展，真正做到管理育人。

（二）具有强烈的责任心

教学管理工作不仅有较强的连续性，还会不断遇到新的情况或新的问题，所以说教学管理任务是十分繁重的。而教学管理人员只有具备较强的责任心，才能保持工作的热情和积极性，才能保质保量地完成工作，所以说，责任感是高校教学管理人员必须拥有的品质。比如，每学期的期末考试对学生和学校来说都是一件大事，学生要借此检验自己的能力和水平，学校也要借此考察教学的效果，而期末考试涉及很多环节，比如组织考试、上报考试报表、各科试卷归档、成绩单归档等等，如果管理人员没有足够的责任心，就无法做到认真仔细的推进，也就不能高质量、高效率地完成工作。

（三）具备扎实的业务知识素质

要想更好地完成高校教学管理工作，作为管理者，就必须具备扎实的业务知识素质。首先，管理者要具备系统的管理学知识。随着教学改革的推进，教学管理人员要充分利用所掌握的管理学知识，根据管理规律做事，采用科学的管理方法，提高教学管理工作的实效性。其次，教学管理人员还要具备相关的学科知识，这是做好教学管理工作的重要前提。如果是院级教学管理人员，要深度了解本院各个专业的培养目标和课程体系。再次，随着信息技术的迅猛发展，办公自动化发展已经成为不可阻挡的趋势，在这样的背景下，教学管理人员要积极学习信息技术和信息管理手段，比如掌握学籍管理系统、教务管理系统、教学评估系统的

使用等等，从而推进教学管理方法的改革和创新，实现教学管理工作的科学化和现代化。

（四）具备较强的工作能力素质

教学管理人员必须具备较强的工作能力，这样才能顺利完成教学管理任务，并得到预期的效果。作为一名优秀的教学管理人员，要具备较强的组织管理能力，以及较强的协调能力，对于工作中出现的各种难题，能够随机应变。还要有一定的信息技术应用能力，可以熟练使用现代化设备来获取信息和处理信息，并且还要具备调查研究能力和团队协作能力等。只有具备这些能力，教学管理人员才能更好地协调各教学单位之间的相互关系，才能保证教学信息的流通，才能全面做好教学管理工作，促进高校教育发展。

参考文献

[1] 梅友虎. 劳动教育在高校素质教育实践中的现状与对策研究 [J]. 科教导刊（中旬刊），2020（20）：165-166.

[2] 孙臆涵. 高校教学管理信息化的战略思考 [J]. 现代交际，2021（22）：188-190.

[3] 项乐源. 思想政治教育融入高校教学管理的路径探讨 [J]. 时代报告，2021（11）：148-149.

[4] 孙磊. 某高校人文素质教育培养现状分析及对策研究 [D]. 石家庄：河北医科大学，2018.

[5] 唐祥云. 科技手段运用对高校管理产生的影响分析 [J]. 科技创新与生产力，2021（10）：133-135.

[6] 夏冬. 高校教材管理系统设计与实现 [D]. 西安：西安电子科技大学，2017.

[7] 陈苏. 关于成人高校远程教育教学管理的研究 [J]. 科学咨询（教育科研），2021（10）：67-68.

[8] 李琳琳. 高校教学管理信息化存在的问题及对策研究 [J]. 黑龙江科学，2021，12（19）：146-147.

[9] 欧阳小红，赵松. 基于素质教育的高校教学管理制度改革 [J]. 中学政治教学参考，2021（33）：88.

[10] 刘静，徐丹华. 高校中华优秀传统文化教育的渠道创新研究 [J]. 现代职业教育，2021（38）：8-9.

[11] 唐旭光，丁中涛. 深入实施"四个育人"，彰显本科人才培养特色：云南大学本科教育改革与创新优秀论文集 [M]. 昆明：云南大学出版社，2020.

[12] 王翼扬，霍楷. 中国高校美育素质教育问题及对策研究 [J]. 湖南包装，2021，36（04）：172-173.

[13] 张太权. 蔡元培教育思想对当前高校人文素质教育的启示 [D]. 南京：南京

工业大学，2019.

[14] 张晋，董亚君，于浩．"大思政"格局下高校一体化素质教育模式的构建研究 [J]．大学，2021（21）：24-26.

[15] 何晓．高校创客教育教学管理优化研究 [D]．武汉：中南财经政法大学，2020.

[16] 苏文斌．课程思政视角下高校音乐素质教育的实践探究 [J]．艺术家，2021（06）：50-51.

[17] 北京市高等学校师资培训中心．现代教育技术教程 [M]．北京：人民邮电出版社．2016.

[18] 车进．高校艺术设计与素质教育的培养策略研究 [J]．戏剧之家，2021（16）：168-169.

[19] 杜婧．MOOC 应用中高校教学管理存在的问题及对策研究 [D]．哈尔滨：哈尔滨师范大学，2019.

[20] 程碧英．转型高校应用型人才人文素质教育改革的优化路径 [J]．内江师范学院学报，2021，36（05）：78-82.

[21] 郭可可．素质教育背景下的学生互助成长育人实践 [J]．基础教育论坛，2021（02）：41-42.

[22] 戎娜．高校教学管理办法汉英翻译实践报告 [D]．天津：天津大学，2019.

[23] 霍楷，王宇蒙．面向国家战略的高校美育素质教育理论研究 [J]．湖南包装，2020，35（06）：133-135+148.

[24] 杨娟．高校思想政治教育中大学生法律素质培养探究 [D]．青岛：青岛大学，2017.

[25] 罗彩霞，霍霖霖．谈以创新素质培养为导向的信息素质教育 [J]．文教资料，2020（23）：20+121-122.

[26] 王珠英．人才培养模式的改革与创新 [M]．北京：中国人民大学出版社，2018.

[27] 平燕．高校职业素质教育研究 [J]．发明与创新（职业教育），2020（07）：128-129.

[28] 李实．教学管理面临的困境及改革创新路径分析 [J]．中国教育学刊，2020

（S1）：23-24.

[29] 潘烨梓. 基于过程管理的高校教学管理系统研究 [D]. 武汉：湖北工业大学，2017.

[30] 朱守信. 高等学校教学质量管理成熟度评价研究 [M]. 南京：南京大学出版社，2021.